最新 科学が教える! ピッチング技術

Science of Pitching Mechanics

筑波大学体育系准教授
著者 川村 卓

エクシア出版

はじめに

本書では、これまで研究してきた理想的なピッチングフォームや球速を上げるポイント、制球力を上げる方法などをまとめました。さらに研究成果を実際に役立てていただけるように、投球フォームの分析法や一人ひとりに合わせた指導のポイントなども詳しく紹介しています。

選手も指導者も、正しい知識とともに実践方法を学ぶことで、無理をせずにその時々に応じたトレーニングを行い、長く楽しくケガなく野球を続けられるようになってもらいたいと考えています。

近年、「小学生や中学生のケガの問題」については、少しずつ浸透し始めていると感じていますが、球数制限の会議（投手の障害予防に関する有識者会議）などに出させてもらうことで、あらためて投球によるケガが深刻な状況にあると再確認しました。

その一方でトレーニングなどにスポーツ科学の分野が入ってきたことで、ピッチャーのパフォーマンスが劇的に上がり、150㎞／hを投げられるピッチャーが珍しくなくなってきています。

ケガの予防とパフォーマンスのアップというある意味矛盾にも思えるこの両者を、どのようにして実現させていくかが今後の大きな課題といえます。

筑波大学 体育系 准教授
川村 卓

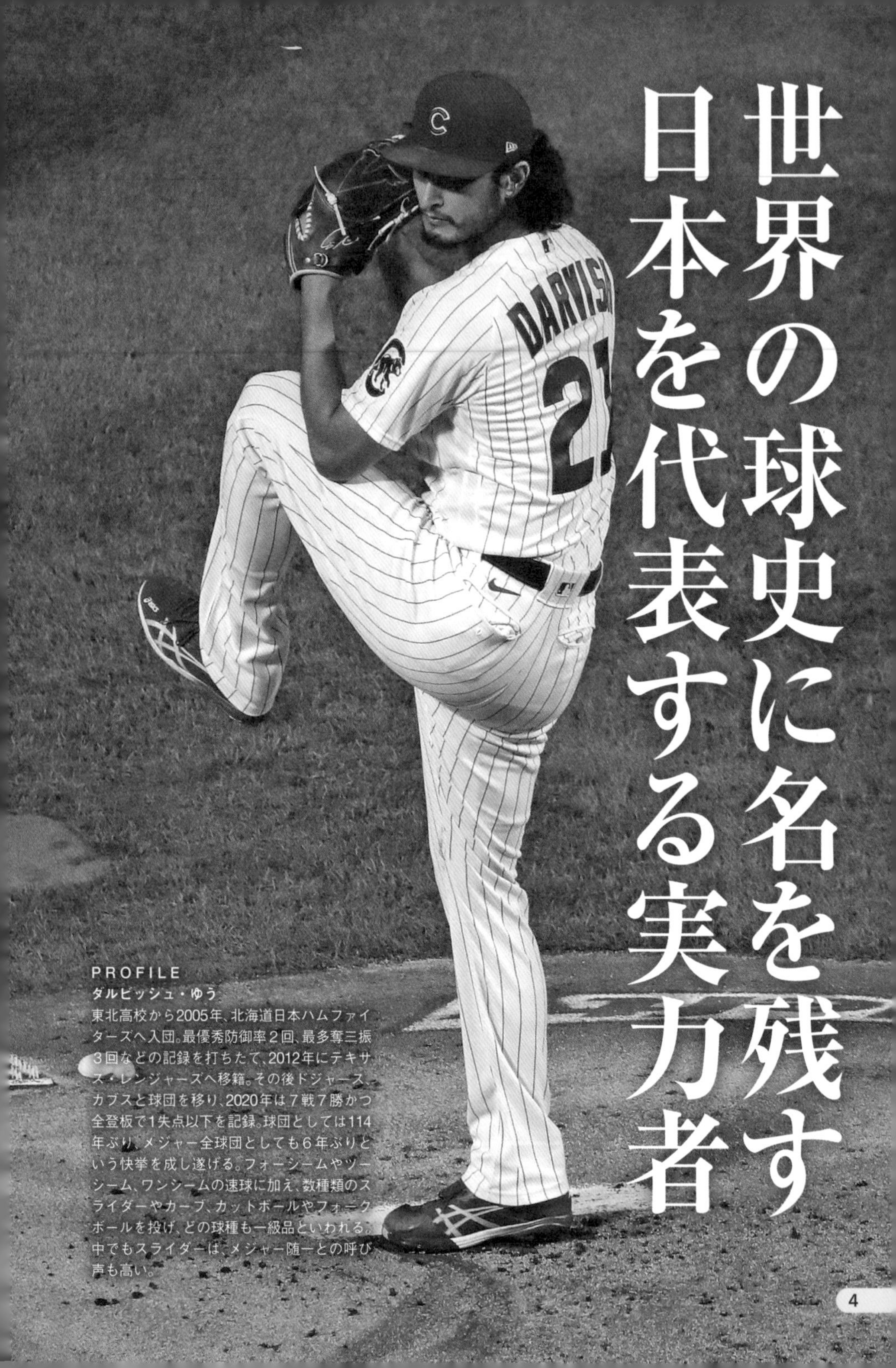

世界の球史に名を残す日本を代表する実力者

PROFILE

ダルビッシュ・ゆう

東北高校から2005年、北海道日本ハムファイターズへ入団。最優秀防御率２回、最多奪三振３回などの記録を打ちたて、2012年にテキサス・レンジャーズへ移籍。その後ドジャース、カブスと球団を移り、2020年は７戦７勝かつ全登板で1失点以下を記録。球団としては114年ぶり、メジャー全球団としても６年ぶりという快挙を成し遂げる。フォーシームやツーシーム、ワンシームの速球に加え、数種類のスライダーやカーブ、カットボールやフォークボールを投げ、どの球種も一級品といわれる。中でもスライダーは、メジャー随一との呼び声も高い。

最多勝を獲得できた進化とは

What is the evolution that won the most wins?

ダルビッシュ有

2020年サイ・ヤング賞最有力候補

MLB（米大リーグ）公式サイトではサイ・ヤング賞の受賞者予想を発表し、ダルビッシュ有投手がナショナルリーグの1位に選出された。ワイルドカードシリーズでは6回2／3で94球を投げ、6奪三振3四死球、5安打2失点と好投をするも味方の援護がなく惜敗。ポストシーズン敗退が決まるも、このシーズンの成績はダルビッシュ投手の名と実力をあらためて知らしめるものだった。

最多勝を獲得できた進化とは

What is the evolution that won the most wins?

驚異的な「球速のアップ」と「リリースポイント」

2020年のシーズンに最多勝を獲得したダルビッシュ投手。その活躍の理由は「球速のアップ」と「リリースポイント」である。

球速は昨シーズンと比較して平均で3～4㎞／hほど速くなっているのだが、ダルビッシュ投手の年齢を考えると驚異的なことだ。ここまで成長できるということは素晴らしいトレーニングを続けてきたことの証明だろう。

またリリースポイントが10㎝ほど高くなったことも今シーズンの特徴である。この高さによってしっかりと上から下に向かってボールを投げることができ、昨シーズンと比較して回転数や変化球に変化がみられた。とくに変化球、なかでもスライダーは球速があるのに変化が小さいというバッターに対してとても効果的な球種になっている。

さらにダルビッシュ投手特有のツーシーム系のボールと変化球が合わさることで、バッターからすると迫ってきたり、遠ざかったりと、ものすごく打ちにくい軌道といえる。

相反する球種を投げ分ける工夫

ダルビッシュ投手のすごさに、シュートやスライダーの変化を自分で調整できることが挙げられるが、これは非常に難しいことである。例えばスライダーを投げられるピッチャーがシュートの変化を大きくしたとき、はじめはうまくいくのだが、投げ続けているうちに徐々にスライダーの変化が悪くなってしまうことが多い。このように両立させることが難しい球種同士なのだが、ダルビッシュ投手はスライダーの球速を速くし、変化を小さくすることで、うまく使い分けをしている。

これまで、スライダーとシュートの使い分けは、うまくいかないものだと思っていたが、スライダーやカットボールの変化を小さくすることでシュートボールを活かすことができるという、私にとって新しい発見だった。

ゾーンに入ったような覚醒したシーズンだけ、このようなコントロール精度を持てるピッチャーはいるが、長年このような精度を保ったピッチャーは、黒田博樹投手（元ニューヨーク・ヤンキース／広島東洋カープ）くらいしか思い浮かばない。

Twins

Contents Pick Up

コンテンツピックアップ

投球制限下のピッチャー育成法

１試合当たり80球以上投げるピッチャーはケガのリスクが４倍になる。年間８カ月以上投げるピッチャーはケガのリスクが５倍になる。疲労時に投球をするとリスクが36倍になる。

以上はアメリカの「ピッチスマート（投球数制限と必要な休息日に関する勧告）」の発表内容の一部である。日本でもようやくスタートラインに立った投球制限だが、これからは世界の水準に近い内容に改定していくことが望まれる。

ケガのリスク約4倍　1試合当たり80球以上投げるピッチャー

ケガのリスク約5倍　年間8カ月以上投げるピッチャー

ケガのリスク約36倍　疲労時の投球

Contents Pick Up
コンテンツピックアップ

理想のピッチングフォーム

これまでの十数年、多くのピッチャーのフォームを解析し、調査してきた結果、よいピッチングに必要な要素がわかってきた。フォーム全体の流れからパーツごとの動きまで、研究してきた図やグラフを用いながらパート１で詳しく解説する。

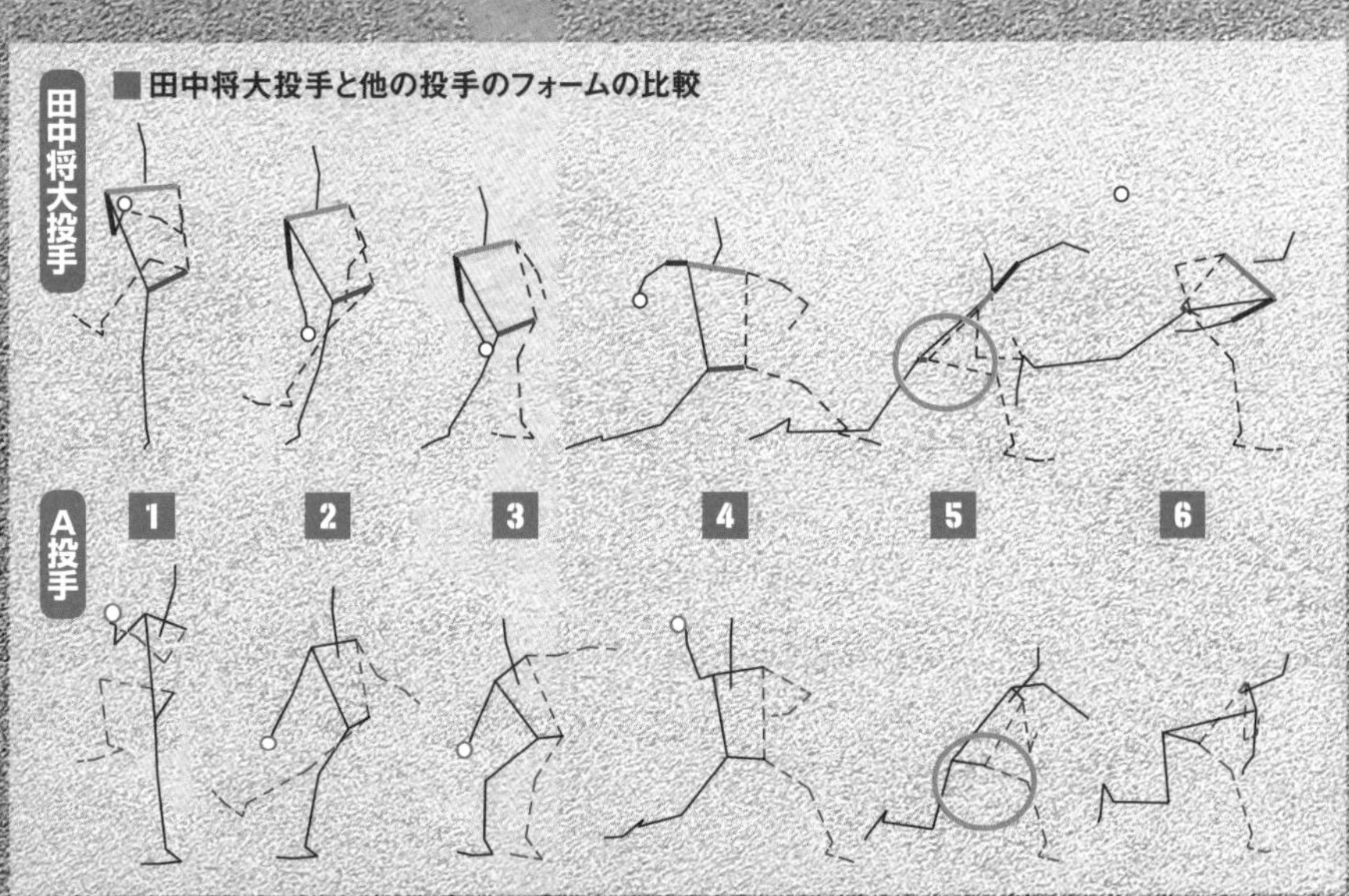

Twins

Contents Pick Up
コンテンツピックアップ

球速を上げる

ピッチャーにとって球速を上げることは、大きな目標の１つといえる。実は全力で投じる１球の球速を上げることは、さほど難しいことではない。しかし何十球も何百球も投げた球速のアベレージを上げるためには、その負荷に耐えられる身体づくりや動作の修正など、さまざまなポイントのレベルアップが必要になる。

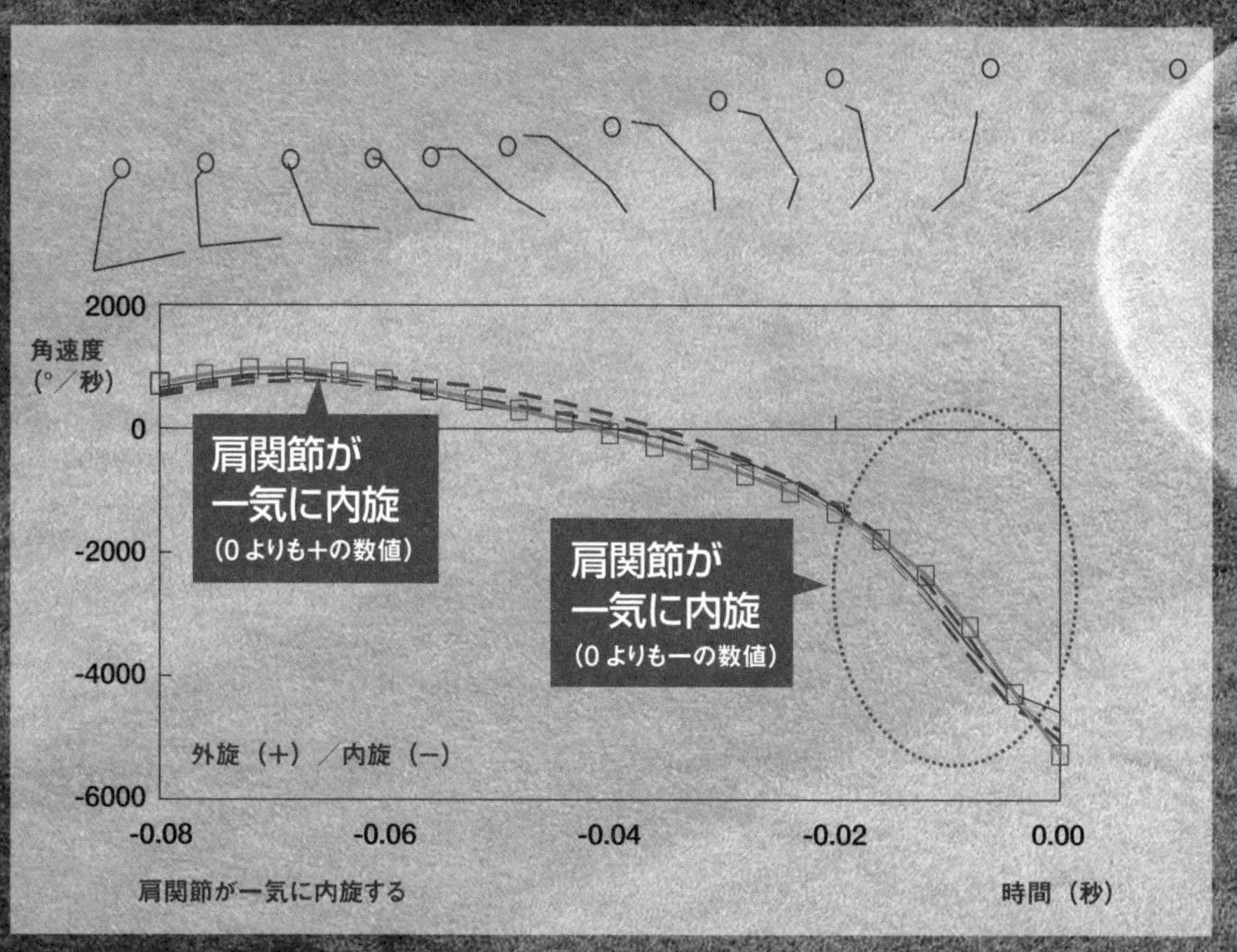

Contents Pick Up
コンテンツピックアップ

コントロールを高める

球速を上げることとコントロール精度を高めることは、相反する要素といえる。それが成し遂げられているからこそプロの世界で活躍する選手たちは素晴らしい。その域に少しでも近づくために、コントロール精度の向上に必要なことを紐解いていく。

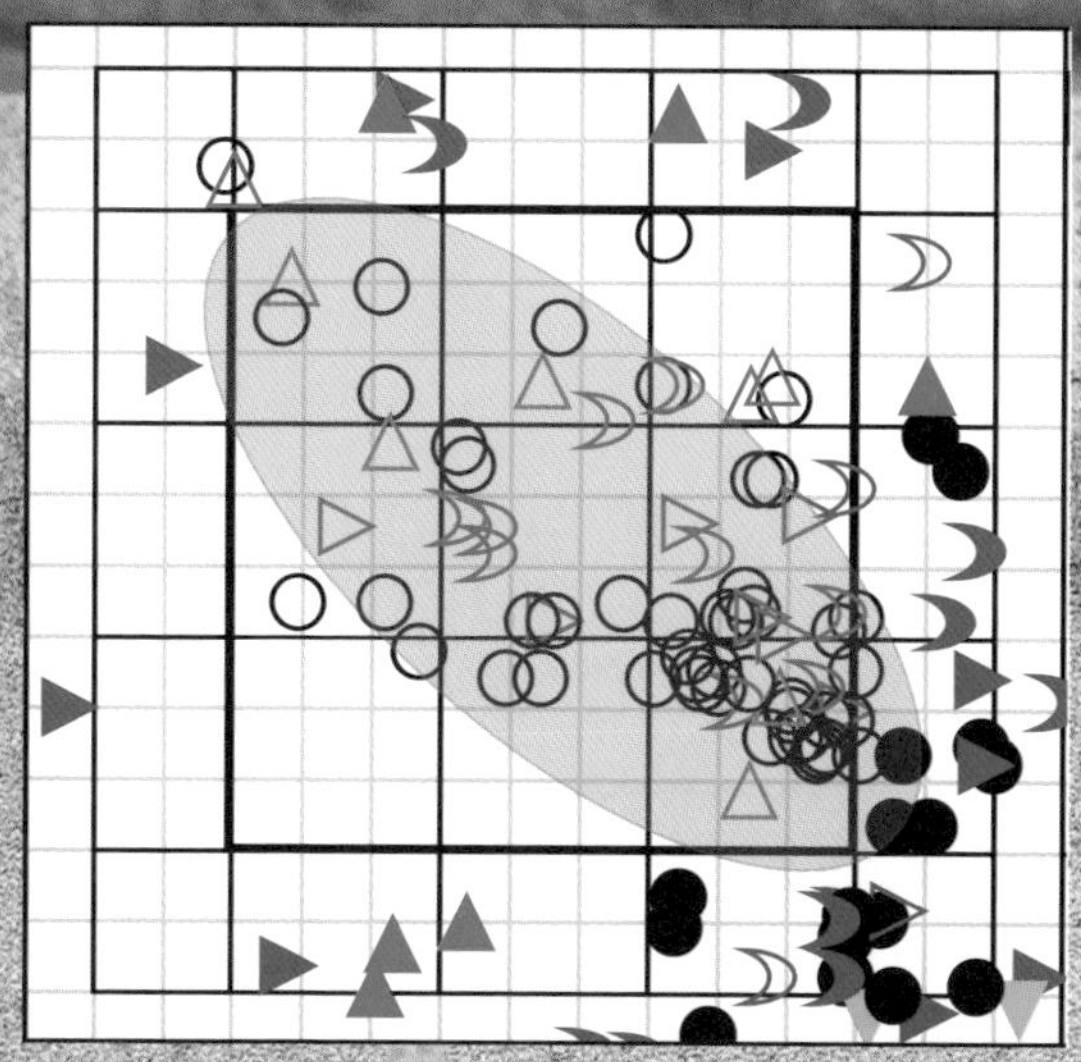

Contents Pick Up
コンテンツピックアップ

変化球の習得

ボールに加わるスピンと軸、ボールの曲がりや落下を支配するマグヌス効果と重力。ボールに変化を加える理論を理解し、変化球の習得に役立てる。変化球ごとの使いどころや効果も紹介する。

回転している物体に作用するマグヌス力。マグヌス力の方向はボールの回転方向によって変化する。これがカーブやシュートなどの回転系変化球が投げられる理由である。

Contents

本書は、2014年刊行『ピッチングの科学』、2017年刊行『最新！ピッチングの科学』、2018年刊行『ピッチング練習の科学』（いずれも洋泉社MOOK）の内容を改訂し、新規原稿を追加して再構成したものです。

Contents

PART2

球速を上げる

PART3

コントロールを高める

PART4

現状の分析とレベルアップ

Contents

PART5

変化球の習得

PART6

体のメンテナンスとケガ予防

Prologue

球数制限と育成

01
球数制限

球数制限時代のピッチャーづくり

3つのポイントを踏まえて指導にあたることで、多くの選手がピッチャーもできるような育成につながる

ピッチャーを育成する3つのポイント

❶ピッチャーとして最低限必要になる能力があるかを見極める

❷ピッチャーと野手の投げ方の違いを知りピッチングに活かす

❸ピッチャーとしての専門的なトレーニングがどの程度必要かを考える

選ばれたピッチャーから全員がピッチャーへ

2019年に日本高校野球連盟から大会での球数制限について提案があり、私も検討委員として会議に名を連ねている。まずお伝えしたいことは、これは決してピッチャーが少ないチームを苦しめる目的ではないということ。選手たちをケガから守り、将来に向けて正しい育成をしていく未来志向の制限である。球数制限は、高校野球だけでなくジュニア世代にも浸透しつつある。そのような状況のなかで変わらなければならないのは、指導者やコーチである。

これまでは「エース」と呼ばれる、「選ばれたピッチャー」を中心にチームを作ってきたが、この考え方を変えなければならない。「選ばれた人がなるピッチャー」を「誰もがピッチャーになる」という考え方に変えない限り、球数制限の難題を解決するのは難しくなるからだ。現実的にどのようにピッチャーを育成していけばいいのかというと、以下の3つのポイントを考える必要がある。

①ピッチャーとして最低限必要になる能力があるかを見極める

②ピッチャーと野手の投げ方の違いを知りピッチングに活かす

③ピッチャーとしての専門的なトレーニングがどの程度必要かを考える

リリースの感覚を得られるか

人差し指と中指でしっかりリリースしている感覚を持っていると、将来的にコントロールを身につけることができる

ピッチャーとして最低限備えておくこと

なによりも必要になるのは、「ストライクが取れる」ということになる。ただしコントロールが身についていないからといって、ピッチャーの資格がないわけではない。コントロールは後から身につけることができるからである。ただし将来的にコントロールを身につけるためには、リリース感覚が必要になる。

ストライクゾーンを考えると、ピッチャーはできるだけ同じところでリリースしたとして、横に約1・5度、縦に約2度の幅で調整ができないといけない。投球フォームはどのような投げ方でもよいの

ボールを正しく握れるか

■ボールが正しく握れない

身体の成長が未熟でボールが正しく握れないと、指先のリリース感覚は得られにくくなる

■ボールが正しく握れる

正しい握り方は、親指と人差し指、中指を結んだ線が二等辺三角形になる

コントロールを身につけるために必要なこと

❶リリース感覚を持っている

❷腕の振りを一定にしてリリースをある程度安定させる

❸下半身の安定性が非常に大切

だが、右ページの写真のように本人に「人差し指と中指でしっかりリリースしている」感覚があると望ましい。

この感覚は小学校低学年で感じることは難しく、高学年にならないとわからないことでもある。なぜなら低学年のうちは上の写真のように正しくボールを握れないからで、正しくボールを握れなければ「人差し指と中指でのリリース」を感じられる投げ方ができないからである。

一時的に指先の感覚が消失する時期もあるが、時間がたてば感覚が戻ってくることがあるため、その場だけでの判断をしないようにしてもらいたい。

指先に感覚があるかどうか

の判断例として、小学生であればキャッチボールで5m、10m、15m、20mの距離を、力を入れずに山なりで投げることでわかる。それぞれの距離を投げるときは、構えたところに正確に投げる必要はなく、おおよその距離感が合っていればいい。その精度が高いほど、ピッチャーに向いたコントロールの精度を持っているということになる。

ピッチャーと内野手の投げ方の違い

一般的に内野手がいきなりピッチャーをすると「野手投げ」といわれるほど、ピッチャーと内野手の投げ方には違いがある。どのような違いがあるのかというと、内野手は

ピッチャーと野手の投げ方の違いの研究結果

■脚の接地とリリース時のピッチャーと内野手の違い

	ピッチャー	内野手
ボールの速度(km/h)	128.2±6.1	119.5±5.4
ストライド脚の接地時		
ストライドの長さ(身長に対する%)	83±6	76±6
肩の外転角度(ヒジが上がっているか)	89±10	95±12
肩の水平外転角度(胸の張り)	-24±6	-16±11
肩の外旋角度(腕のしなり)	57±17	49±22
ヒジの伸展角度(腕のしなり)	89±11	52±13
など		
ボールのリリース時		
肩の外転角度(ヒジが上がっているか)	92±8	103±8
肩の水平外転角度(胸の張り)	8±3	1±7
肩の外旋角度(腕のしなり)	118±12	106±17
ヒジの伸展角度(腕のしなり)	156±5	157±5
体幹の前傾角度(腕のしなり)	32±4	23±3
など		

■ピッチャーと内野手の違いの最大値

	ピッチャー	内野手
最大値		
肩の水平外転角度(胸の張り)	-38±12	-23±10
肩の外旋角度(腕のしなり)	175±6	183±7
ヒジの伸展角度(腕のしなり、秒)	74±9	49±13
肩の水平外転角速度(胸の張り、秒)	734±27	553±175
肩の内旋角速度(腕の振りの速さ、秒)	6890±854	7207±2064
ヒジの伸展角速度(腕の振りの速さ、秒)	1196±89	1058±120
肩の回転角速度(腕の振りの速さ、秒)	2453±209	2328+321
骨盤の回転角速度(腕の振りの速さ、秒)	620±58	688±139
最大値が起こるタイミング		
ヒジの伸展角度(腕のしなり、%時間)	51+15	1±31
骨盤の回転角速度(腕の振りの速さ、%時間)	33±3	42±9
肩の回転角速度(腕の振りの速さ、%時間)	49±4	60±10
肩の外旋角速度(腕のしなり、%時間)	81±1	79±3
ヒジの伸展角速度(腕の振りの速さ、%時間)	91±3	92±3
肩の内旋角速度(腕の振りの速さ、%時間)	103±2	102±2

この2つの表からわかることは、本文に記したピッチャーと内野手の投げ方の違いであり、大きく6つ挙げられる。表には専門用語が多いが、()内にどのような動きに影響するのかを記したので、参考にしながら見ていただきたい

ピッチャーと比べて①ヒジを早く高く上げる、②ステップ幅が小さい、③腰を回すため肩のひねりが小さい、④胸の張りが小さい、⑤肩が回転するタイミングが遅い、⑥腕のしなりが大きいという6つ特徴があげられる（上記表より）。

つまりピッチャーは「体をうまくしならせ、身体を遅らせるように使い、下肢から体幹のエネルギーをボールに伝えていく」のに対して、内野手は「早くヒジを上げ、ステップの勢いを使って腕をしならせ、コンパクトに投げる」ことに長けているといえよう。

そのため、選手たちがピッチャーと内野手のポジションを入れ替わる際には、

1.「ボールへの力の伝え方がうまい」ピッチャーの投げ方と「早くヒジを上げてステップの勢いを使う」野手の投げ方に分ける。

2.ピッチャーの投げ方をしている選手には、さらに専門的な指導をし、内野手からの急造ピッチャーには、野手の投げ方でピッチングをする方法を伝える。

3.内野手の投げ方でピッチャーをする場合に重視したいのは、①ヒジを高く上げる、②ステップに勢いをつける、③ステップしたほうのヒザを伸ばす、④腰と肩を一緒に回転させて投げるという4点で、この動きを速いテンポで投げられるように指導する。

ということを活かしていきたい。野手に対して無理にピッ

出典：宮西ほか（2015）守備位置の異なる野球選手の投球動作のキネマティクス的比較.体育学研究.60：551-564.宮西智久・櫻井直樹・遠藤壮（2015）発達レベルの異なる野球内野手の送球動作のキネマティクス的比較：体幹と上肢の動作に着目して.体育学研究60：53-69

チャーの投げ方を強要してしまうと、その分の練習時間が必要になり、野手としての練習に支障をきたしたり、余計な労力を使わせることになってしまう。

野手投げで起用できれば専門の指導は不要になる

前述したように、①ヒジを高く上げる、②ステップに勢いをつける、③ステップしたほうのヒザを伸ばす、④腰と肩を一緒に回転させて投げるという4点を考慮して指導すれば、「ピッチャーを育成する3つのポイント」の③「ピッチャーとしての専門的なトレーニングがどの程度必要かを考える」はほとんど不要で、現在身につけている技術でピ

「野手投げ」投手のメリット・デメリット

野手投げのメリット

❶クイックなどがしやすい
❷ツーシームなどのボールが投げやすい
❸ショートリリーフに向いている
❹ピッチャー専門の指導がほとんどいらない

野手投げのデメリット

❶身体が早く開くのでバッターからボールが見やすい
❷細かいコントロールはつけにくい
❸シュート回転しやすい
❹投げた後に姿勢が崩れやすい
❺長いイニングは投げられないことが多い

デメリットを踏まえたうえでの投球スタイル

・ツーシームや変化球主体の投球をする
・投げるボールに専門のピッチャーとは異なる癖が生まれる
・癖を活かして打者1順や2順という短いイニングを抑える
・このようなピッチャーがたくさんいれば、球数制限にも対応できる

ッチャーをすることができる。「そんなことはない」と思われるかもしれないが、まずは一度試してもらいたい。

野手投げの限界にどう対応するのか

これまで中高生の野球でよく見られたのは、球が遅いと、すぐにサイドスローやアンダースローで投げさせるという指導法である。しかし、これをしてしまうとピッチャー専門の練習が必要になり、ピッチャーの人数を増やすことはできなくなってしまう。このような指導をしてしまうのは、「ピッチャーは特別である」という固定観念が指導者側にあったことが原因の1つである。

繰り返しになるが、球数制限の時代に多くの選手をピッチャーにするためには、専門のトレーニングを受けた選手だけをピッチャーにしていたら到底人数が足りなくなる。そこで大切なのは「野手は野手のままでピッチャーをさせる」という発想の転換である。

しかし、野手投げでは限界があるのも確かで、そのまま投げたのでは非常に打たれやすい。そこで、ツーシームや変化球主体の投球をすることで投げるボールに癖を持たせ、打者1順や2順だけでも抑えられるピッチャーをたくさん作っていきたい。

指導者は無理に投手の投げ方に変えないほうがよいことを覚えておいてもらいたい。

配球がいらないとまで言われる「ピッチトンネル」とは

同じような球速帯のボールを投げられると効果大

バッターは打つ手前の約0・15秒程度、もしくはホームベースからピッチャーに向かって7m20cmくらいのところでボールが判断できなくなる。簡単にいうとバッターはこの地点から手元までは、ボールの軌道やスピードを予測して打っている。そのため、最終的に予測をする位置までの軌道をわからなくしたほうが、さらに打ちにくくなるというのがピッチトンネルの考え方だ（左上の図）。

ピッチトンネルを使えば「配球はいらないんじゃないか」という極端な言い方もされるが、問題点は似たような球速帯でないとバッターを翻弄するのは難しいことだ。例えばカーブのように極端に遅い球種だと、トンネル内を通る軌道であってもバッターに見分けられてしまう。ストレートとスライダーや、ストレートとカットボールのように球速帯が似ていて、トンネル通過後に軌道が変化する組み合わせではじめて成り立つの

ピッチトンネルとは

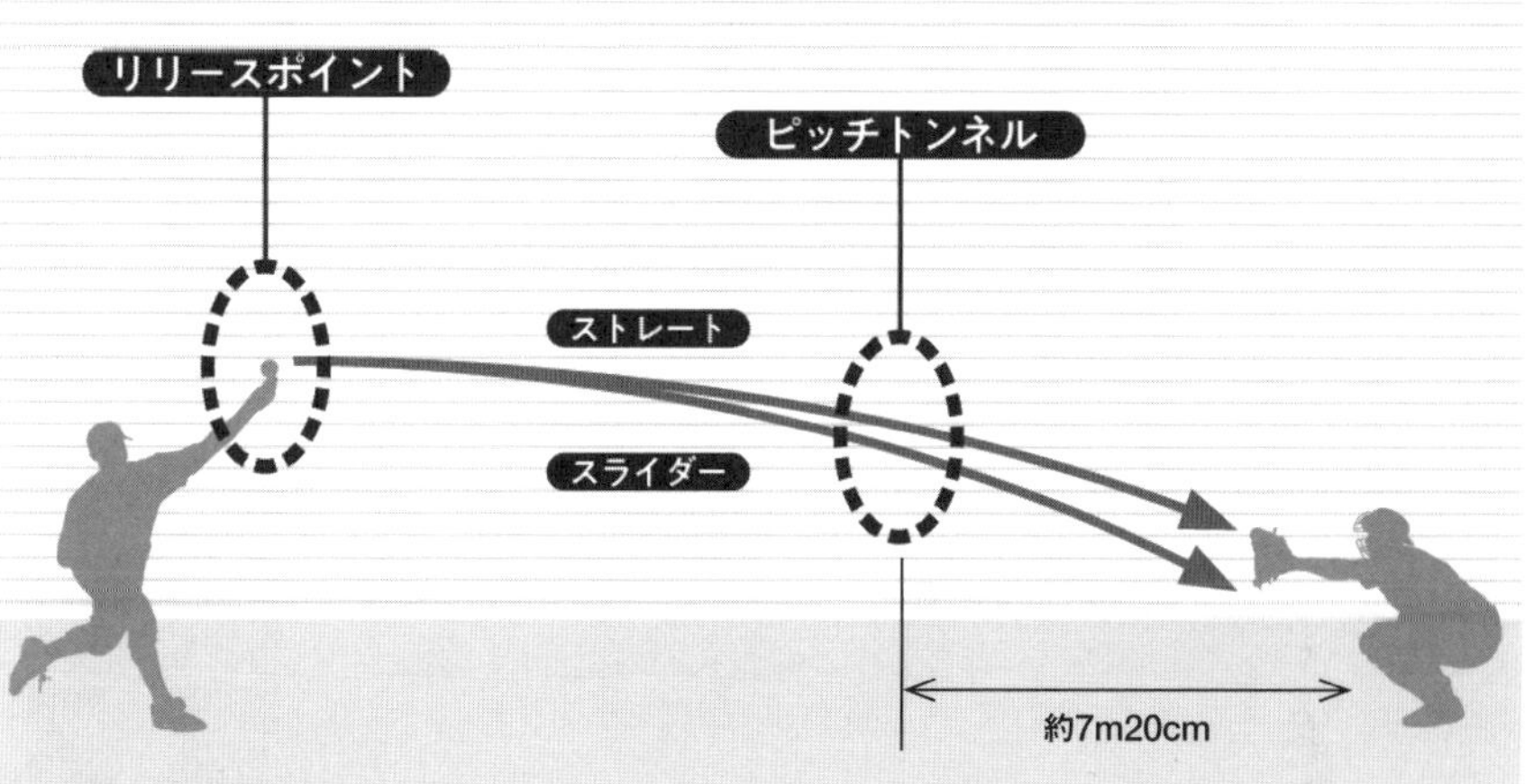

バッターがコースや球種などを最終的に判断する仮想空間のこと。ピッチトンネルといわれるようになったのはここ数年だが、昔から「ボールの軌道が一緒で見分けがつかない」と評されるピッチャーは存在している

だ。この似たような球速帯とは、だいたい±10㎞／hくらいだろう。

ピッチトンネルを取り入れるためには

ピッチトンネルを使える前提としては、まずは投球メカニクスの安定性がないとできない。さらに先ほど述べたように同じような球速帯で「変化する球種」と「変化しない球種」を投げられること。そしてどの球種でも同じフォームで腕を振れること、さらにどの球種も同じような腕の振り方で投げられ、球道がほとんど変わらないことが挙げられる。

これらの条件を備えていればピッチトンネルの習得を目指してもいいだろう。

練習方法としては、①ネットに向かってストレートやスライダーを投げる（ネットピッチ）、②軌道が安定したらキャッチャーを座らせて投げる、というトレーニングをしていくといい。キャッチャーやバッターから見た感覚も重要になるため、バッテリーやチームで意見を交換しながら有効性を確認していきたい。

前提条件があるものの、ダルビッシュ有投手や田中将大投手はピッチトンネルをフルに活用して好成績を収めている。まずは自分がピッチトンネルを使えるのかを考えてみるのもいいだろう。

ケガのリスクを考慮した指導と検査の定例化

外側の離断性骨軟骨炎

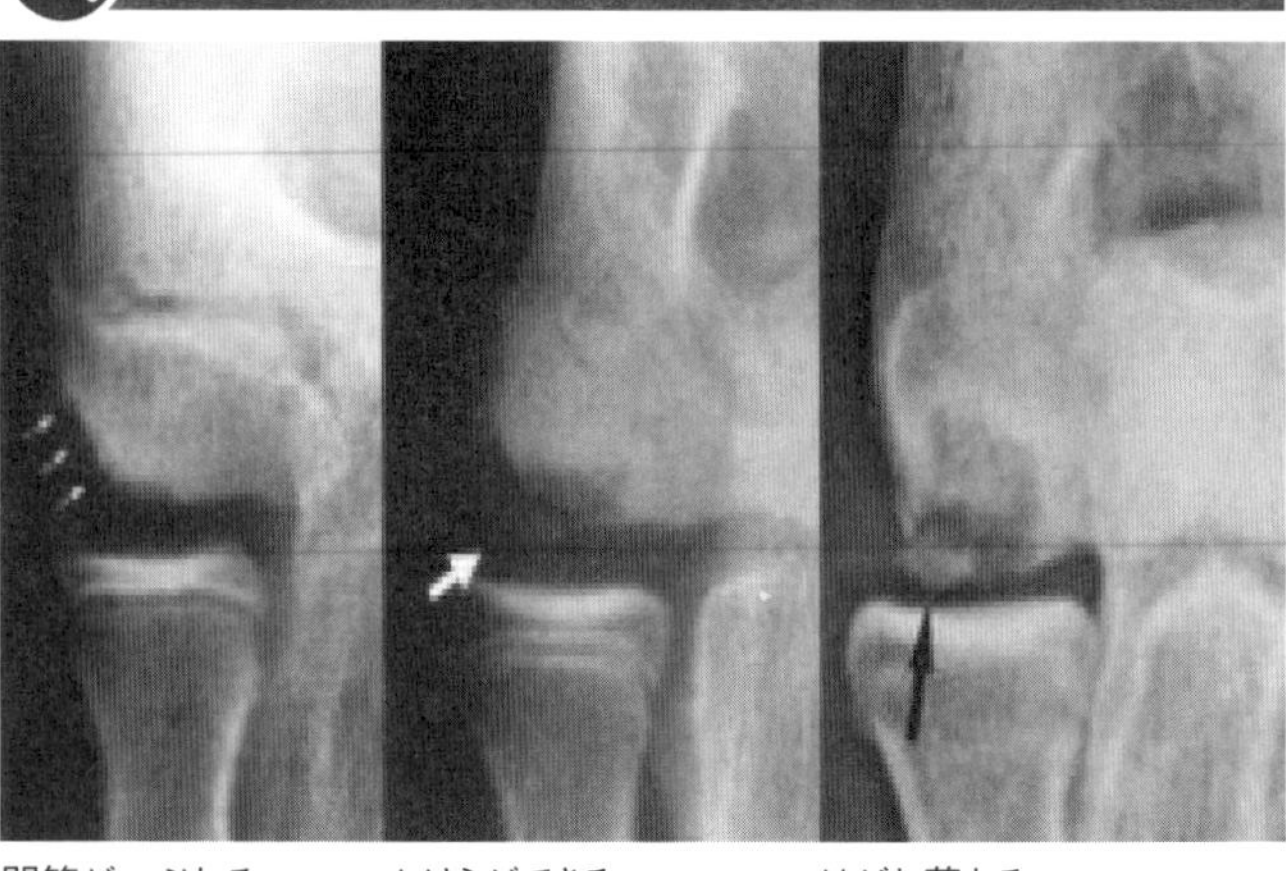

関節がつぶれる　かけらができる　はがれ落ちる

ピッチャーにはヒジのケガが圧倒的に多い

プロローグのまとめとして、実際に現場で活用いただく際に注意していただきたい内容を紹介する。

ピッチャーのケガで圧倒的に多い部位はヒジであり、痛める大きな原因の1つが柔軟性を欠いた肩甲骨の動きである。肩甲骨が動かないがためにヒジを酷使するという流れになるため、ヒジだけでなく肩甲骨が柔軟に動くようにケアをしておきたい。これが何よりも大事になる。とくに人間は日頃ヒジを持ち上げる動作をしないため、よほど意識しないとヒジを上げない。日頃からヒジを上げる動作を行っていただきたい。

最もやってはいけない小学生に多いOCD

離断性骨軟骨炎（OCD）については180ページから詳しく紹介しているが、多くの方に知っていただきたいことなので、ここでは「OCDを防ぐ」という観点で取り上げたい。

ＯＣＤを簡単に説明すると、ボールの投げすぎなどによって骨の変形から骨が欠け、「ネズミ」と呼ばれる症状が起こる。この症状を初期に発見できないでいると痛みがないまま進行し、身体が成長した高校生くらいで痛みを伴って表面化する。

ＯＣＤが怖いのは、この「知らぬ間にできて知らぬ間に致命傷になっている」ということ。治療にものすごく時間がかかり、最悪の場合は年単位で投げられなかったり、手術が必要になったりするのである。

以前小学生のピッチャー38人を検査したところ、何も症状がない選手はたったの2人だけだった。他の検査報告では、若年層でピッチャーを経験した子どもたちの7割は何らかの異常があるといわれている。

「異常がある」という表現がポイントで、その時点では痛みや自覚がないということ。すでに骨が変形しているなどの状況になっていることが多く、これがのちに深刻な問題へと発展するおそれがある。

エコー検査

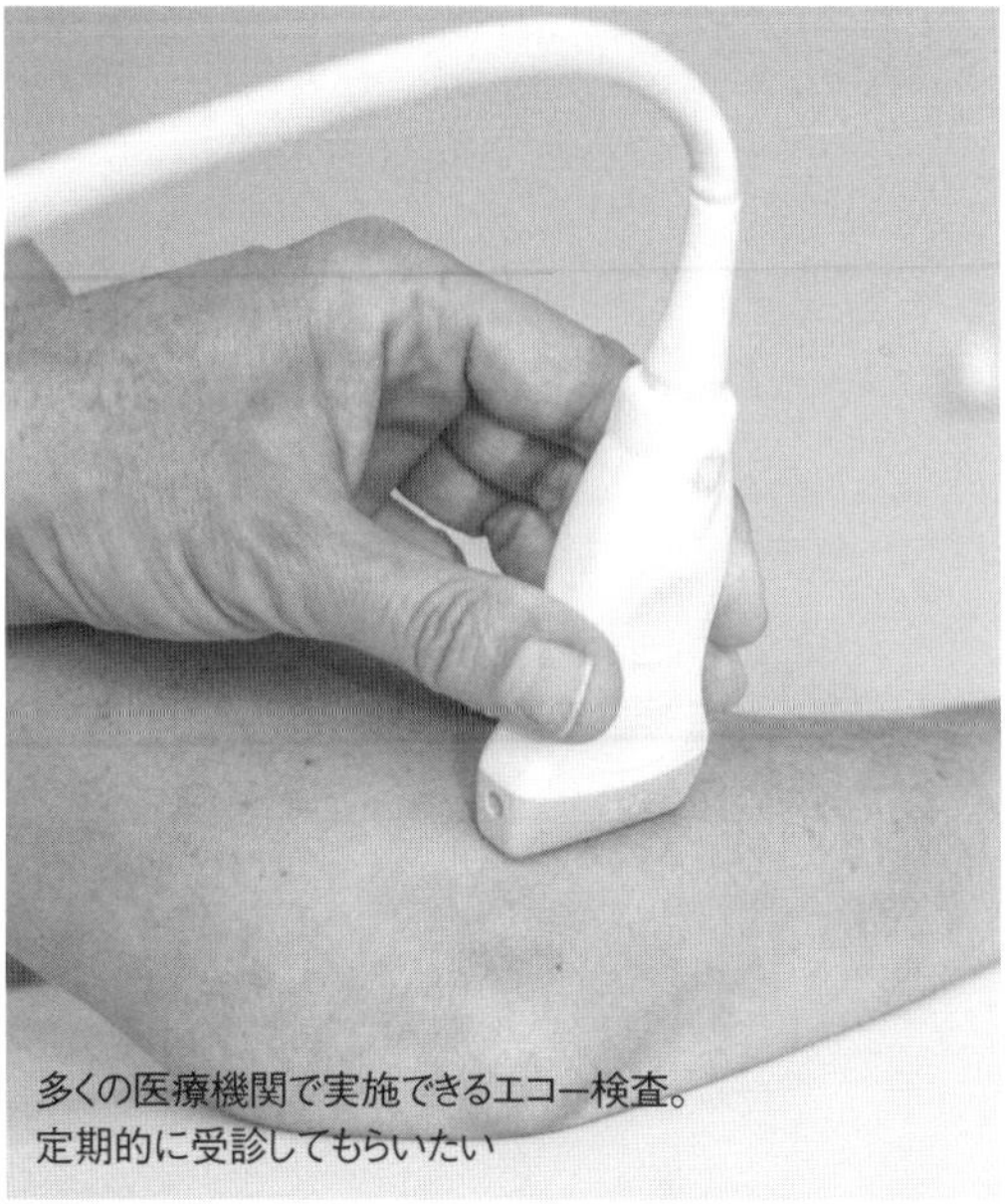

多くの医療機関で実施できるエコー検査。定期的に受診してもらいたい

定期的なエコー検査を全選手に取り入れる

気づかないうちに進行する症状に対処するためには、定期的な検査が有効になる。多くの医療機関で受けられる「エコー（超音波検査）」では、靭帯の厚みや筋肉の厚さ、炎症の有無などがわかる。

半年に1回、できれば3カ月に1回はこの検査を受けて身体の状況を確認してもらいたい。そこで問題があればＭＲＩやＣＴによる詳しい検査が必要になるが、まずはエコー検査を取り入れることからはじめていただきたい。

それから最近は受傷歴などを記録しておく「野球手帳」が広まってきている。この手帳に記録があると、我々指導者も医師の方々も、より的確な指導や診断ができることにつながる。

この問題を「大人の問題」として捉えている指導者の

方々は、チームとしてすでに定期的な検査を実施されている。その一方で検査数が伸び悩んでいる原因の1つは「私は何十年も指導しているが、うちのチームからケガをした選手は1人もいない」という考えを持っている指導者だと感じている。

その指導は時限爆弾を仕掛けていませんか？

現状を理解し、積極的に活動をされている方々には大変失礼な表現になることをはじめにお詫びしておきたい。

選手にケガをさせた自覚のない指導者はいて当然だと考える。なぜなら小学生時代は痛みが発症しても、野球ができてしまうことがほとんどだからだ。そのような方々に指摘を受けた際に、「その子たちが中学生や高校生になったときの症状の有無を把握していますか？」と問いたくなるのだが……。

現実にいろいろな研究で少年野球時代の発症が原因で、後々重症化するケースがわかっている。そしてピッチャー経験者の7割以上という、ほとんどの子どもたちが何らかの異常を抱えている。

「誰の指導がよくない」「誰が悪い」ということではなく、現状がある以上は、すべての世代の指導に関わる我々が、全員でこの問題を解決しないといけないと強く考えている。

野球手帳

新潟県青少年野球団体協議会（NYBOC）の事業としてはじまった野球手帳。次のURLからPDFをダウンロードできる
http://www.baseballcarenetwork.jp/index.html

PART1

理想のピッチングフォーム

ピッチングはフォームがすべて 理想的な投球のメカニズムとは？

最も重要なのはフォーム

よいピッチングの定義というのは、大きく2つに分けられる。一つは純粋により速く、狙ったところへ投げられること。もう一つは、バッターに打たれにくいということ。このページでは、純粋により速く狙ったところへ投げられるピッチング技術＝よいピッチングとして、解説していく。

投球のメカニズムで一番重要となるのが、ボールの速さとコントロールを可能にする「投球フォーム」だ。ピッチングは道具を使うバッティングとは異なり、自らの動作がすべてである。そのため、ピッチングは投球フォームがすべてと言っても過言ではない。ちなみに日本では「フォーム」といわれているが、世界的には「メカニクス（力学）」という呼び方が一般的だ。これも、「フォーム＝メカニクス」という認識があるからだ。

よいフォームから生み出される、スピードとコントロール

よいフォームが具体的にどのような動きになるのかは、このあとで詳しく紹介する。ここではよいフォームから何が生み出されるのかについて、解説しよう。

まずはスピードだ。

かつて、140km／hを投げられるピッチャーと、150km／hを投げられるピッチャーを集めてテストを行ったことがある。

詳細は次のページから紹介するが、スピードの違う両者を比較すると、いちばん大きく異なった点はステップの幅だったのだ。

これまで、スピードに必要な要素として、最も強く唱えられていたのは、腕のしなりであったが、実は下半身の使い方も大きな役割を果たしているということが証明されたのである。

さて、よいフォームから生み出されるもう一つの要素は、コントロールだ。

これは非常に繊細なもので、マウンドで投げる位置が約1度変わると、ホームベース上では約38cmもずれることになる。ホームベースの幅が約45cmなのを考えると、インコースに投げたつもりがアウトコースに行ってしまった、くらいの違いだ。また、コントロールの調整は最終的には指先がポイントとなり、それも1度以内という非常に繊細な調整が求められる。

ところで、1982年にダーツを使って「速さと正確性」を検証したテストがあった。その結論は「速さを意識して投げると正確性が低下し、正確性を意識して投げると速さが低下する」というものであった。誰もが納得できる結論であり、広く認識されていることだろう。しかし、ピッチングとは、スピードとコントロールという相反する要素を両立させることが求められるものなのである。

■よいピッチングの要素

フォーム
全身のパワーを
ロスなくボールへ
伝えられる動き

スピードに
関わる要素
❶腕のしなり
（ヒジの位置＋肩甲骨と
胸椎＋体幹）
❷下半身（腰の回転）
❸指先

コントロールに
関わる要素
❶指先　❷視線　❸足場

下半身と体幹の動きに注目！

■田中将大投手と他の投手のフォームの比較

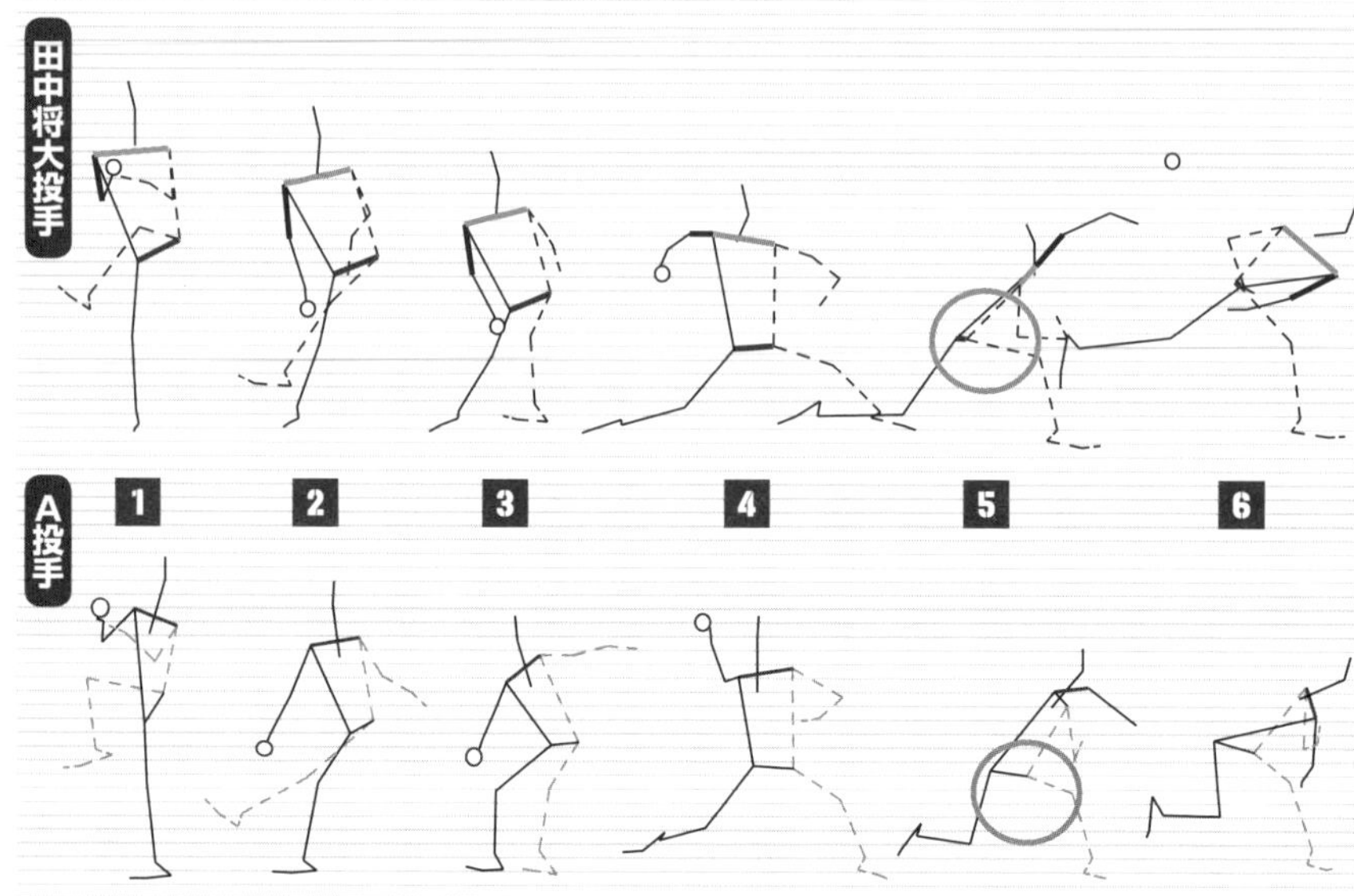

フォームを形成する3つの動き

　では理想的なフォームとは、どのようなものか。まずは上の田中将大投手とA投手のフォームを比較した図を見ていただきたい。色のラインで示した、4と5の肩の平行度合と股関節の角度が大きく異なることがわかる。この中で肩のラインに影響するのがヒジの上がり度合であり、ヒジ関節の角度に影響するのが軸足の外転角度や内転速度、股関節の伸筋群の作用になる。つまり、①ヒジの上がる量、②下半身の使い方が重要になり、①と②の動きを連動させるためには、③体幹の強さが求められる。ヒジと下半身と体幹の3つが、理想的なフォームを形成するうえで必要不可欠となる要素である。

ヒジの角度と注意点

　ヒジの角度は、腕のしなりと密接に関係し、腕のしなりは球速に影響する。また同時にこの動きは、ケガのリスクが非常に高くなる。特に小学生時代に無理やりヒジを上げる練習をすると、後々重大な影響を及ぼすことが最近の研究でわかってきた。詳細はパート6で紹介するので、特に小学生を指導する方はぜひともお読みいただきたい。

　さて左ページの写真は、田中投手とA投手のヒジの上がり度合を比較したものである。田中投手のヒジが左肩より高く上

■ステップ脚のかかと着地時の、水平面に対する左肩と右肩の角度

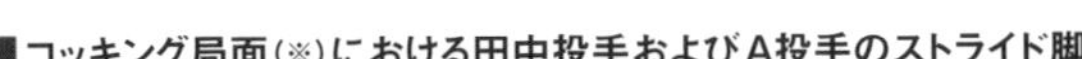

■コッキング局面(※)における田中投手およびA投手のストライド脚

※テイクバックから脚が着地するまで

がっているのに対して、A投手のヒジは肩よりも低い位置にある。球威のあるボールを投げるためには、腕の大きなしなりが必要であり、しなりの量に影響するのが肩の可動範囲。そして肩の可動範囲を決めるのがヒジの位置である。

ここで一つ試していただきたい。ヒジを肩よりも下に置いた状態で肩を回した場合と、ヒジを肩の位置まで上げて肩を回したのでは、どちらが大きく肩が動くだろうか？

実際にやってみると、ヒジが高いほうが肩が大きく回ることが体感できるだろう。つまりヒジを上げることは、ピッチング、特に球速を上げるという点において、非常に重要な要素となるのだ。田中投手の場合には、左肩を下げることで、より右ヒジの位置が高くなっている。ヒジの位置を上げる点では理にかなっているが、同時に体が前に突っ込みやすくなるというリスクもある。

下半身は、伸筋群の作用を使う

上の「コッキング局面における田中投手およびA投手のストライド脚」という写真をご覧いただきたい。これは田中投手とA投手のストライド（踏み出した）脚を比較したものである。大きく違うのはステップの幅。その理由が下半身の使い方だ。

田中投手は外転という動作を使って力をためると同時に、体幹を通して上半身にパワーを伝えている（詳細は40ページ）。そしてためたパワーが一気にバッター方向へ放出されるため、ステップの幅が広くなる。それに対してA投手の場合はヒザが曲がって股関節がつぶれ、前方向に力が働いていることがわかる。これでは下半身で作り出したパワーが上半身へ伝わらない。その結果が球速になって表れているのである。

02
球速を上げる

球速を上げる＝腕のしなり＋下半身＋指先

投球時の肩関節の動き

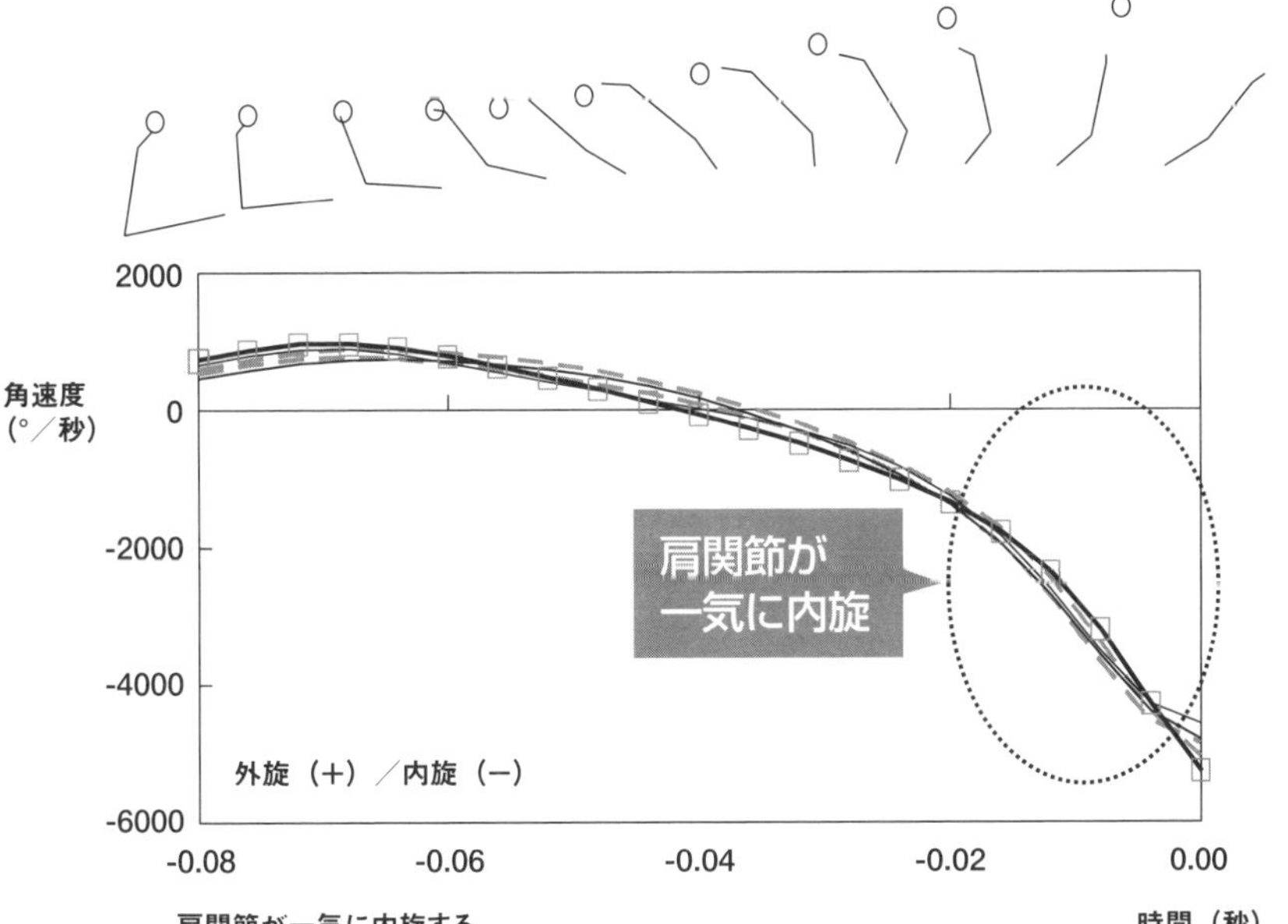

肩関節が一気に内旋する

球速を上げるポイントの一つが腕のしなり

球速を上げるには、腕のしなりがポイントの一つになる。まずはこの理屈を簡単に説明しよう。

ボールをリリースするときに腕のしなりがない場合は、ボールに力を加える距離が短くなるため、当然力も小さくなる。ところが腕のしなりを使える場合は、ボールに力を加える距離が長くなり、比例して力も大きくなる。イメージとしては、弓矢の矢を軽く引くとあまり飛ばず、思いっきり引くと遠くへ飛んでいく感覚に近い。

このように球速を上げるには腕のしなりが非常に重要となるが、なかでも解剖学的には腕全体の「内旋」という動きが最も球速に貢献することがわかっている。しかしこの内旋を速くするためには、外旋を大きくしなければならない。この外旋と内旋の動きを計測した結果が、上のグラフ「投球時の肩関節の動き」で、この肩関節の動きの鍵を握っているのが「ヒジの位置」である。

ヒジの位置は、両肩の高さあたりが目安になり、肩関節を安定して動かせる位置でもある。また、腕のしなりや両胸の張り、肩甲骨の動きといった腕の動作範囲を大きくできる位置にもなる。ということは、ヒジが肩の高さまで上がっていない場合には腕の動

150km/h投手の捻転動作

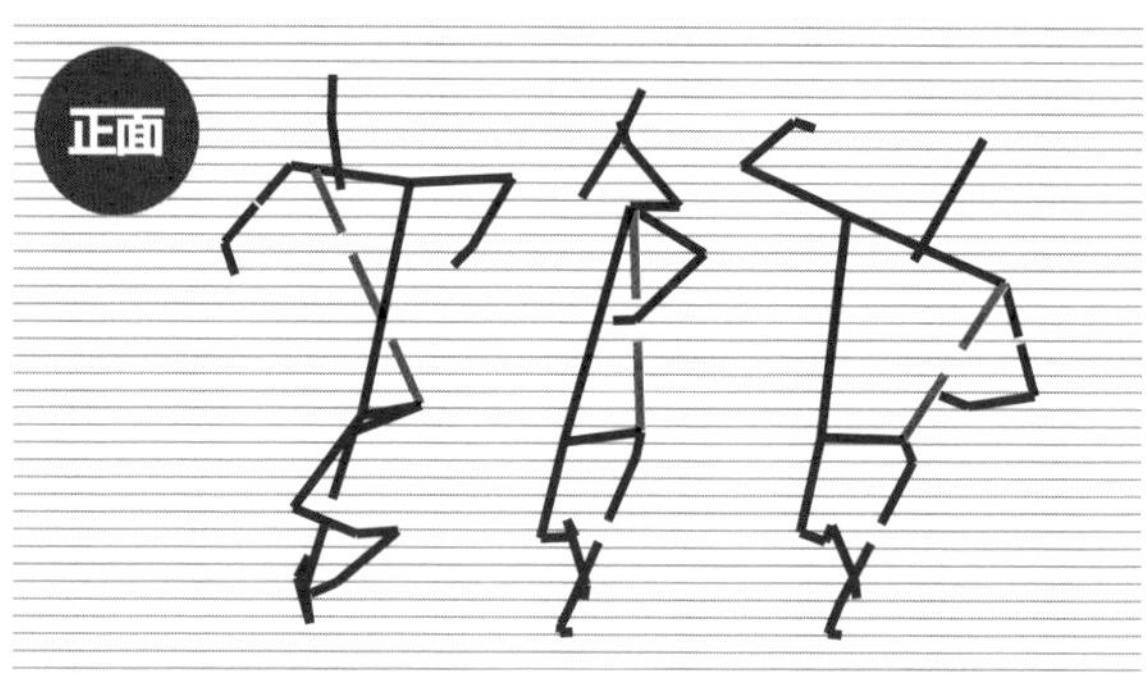

150km/h

色のラインがピッチャーの右側の体側になる。最初からリリースまでのねじれに注目

作範囲が小さくなってしまい、その結果球速が上がらないということにつながるのである。

下半身と腰の回転

下半身の動きを体の捻転動作（腰の回転）という視点から解説しよう。

まずは上の図をご覧いただきたい。一番の違いは色のラインで示した部分。これはピッチャーの上半身の左側面である。１５０㎞／hを投げる選手の上半身は、なかなか正面を向かずに捻られた状態を維持しているのが読み取れる。それに対して１３０㎞／hの選手は元々の捻りが弱いうえ、すぐに捻りが解放されてしまっている。この捻りを作り出すのも、維持するのも下半身

130km/h投手の捻転動作

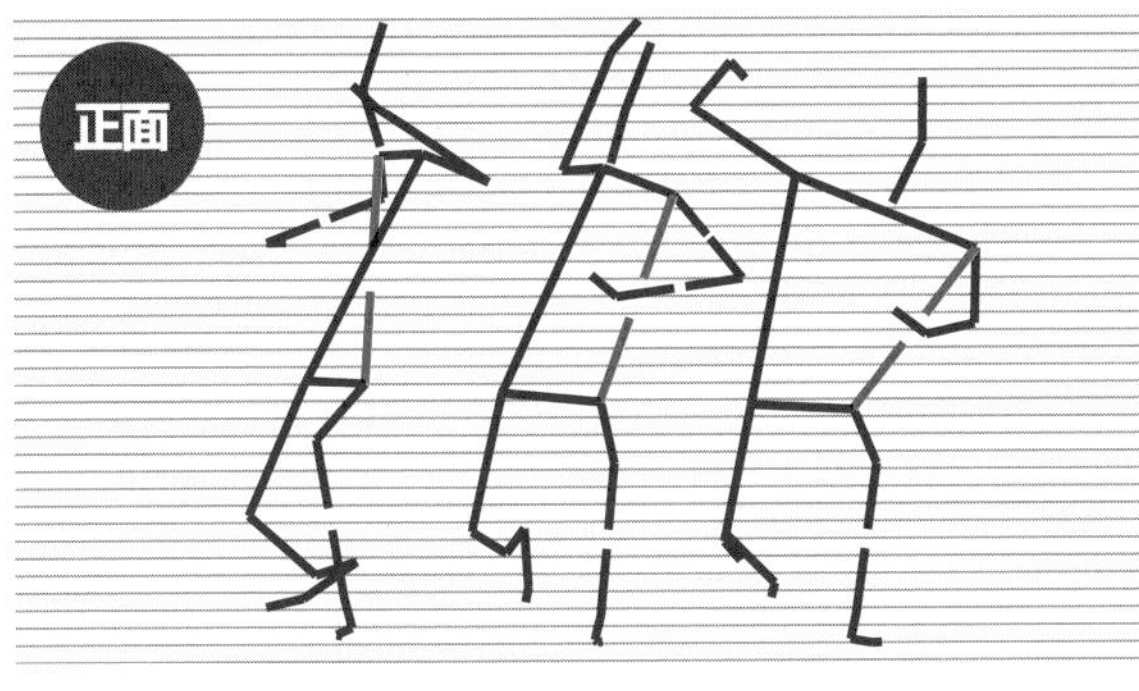

130km/h

色のラインを比較してみると、右の150km／h投手に比べ、明らかに捻転の時間が短いことがわかる

の役割である。

まずは捻られた状態だが、軸足を大きく外転させることで上半身（体幹）が軸足方向に捻転される。そして投球モーションに入ると、体重を前足に移しながら軸足を内転させると同時に、前足も内転させることで体幹の回転を加速させる。そしてこれらの動きが同時に体が開く動きを抑え、捻りを解放しようとする力を抑えているのだ。この抑える力が弱かったり、そもそもなかったりすると、早い段階で体が開いてしまい、俗にいう「腕投げ」になってしまう。

次のページからは指先の動きについて紹介する。

03

コントロールを
高める

コントロールを高める動きとは「指先のしなり」が重要ポイント

指先で弾く動き

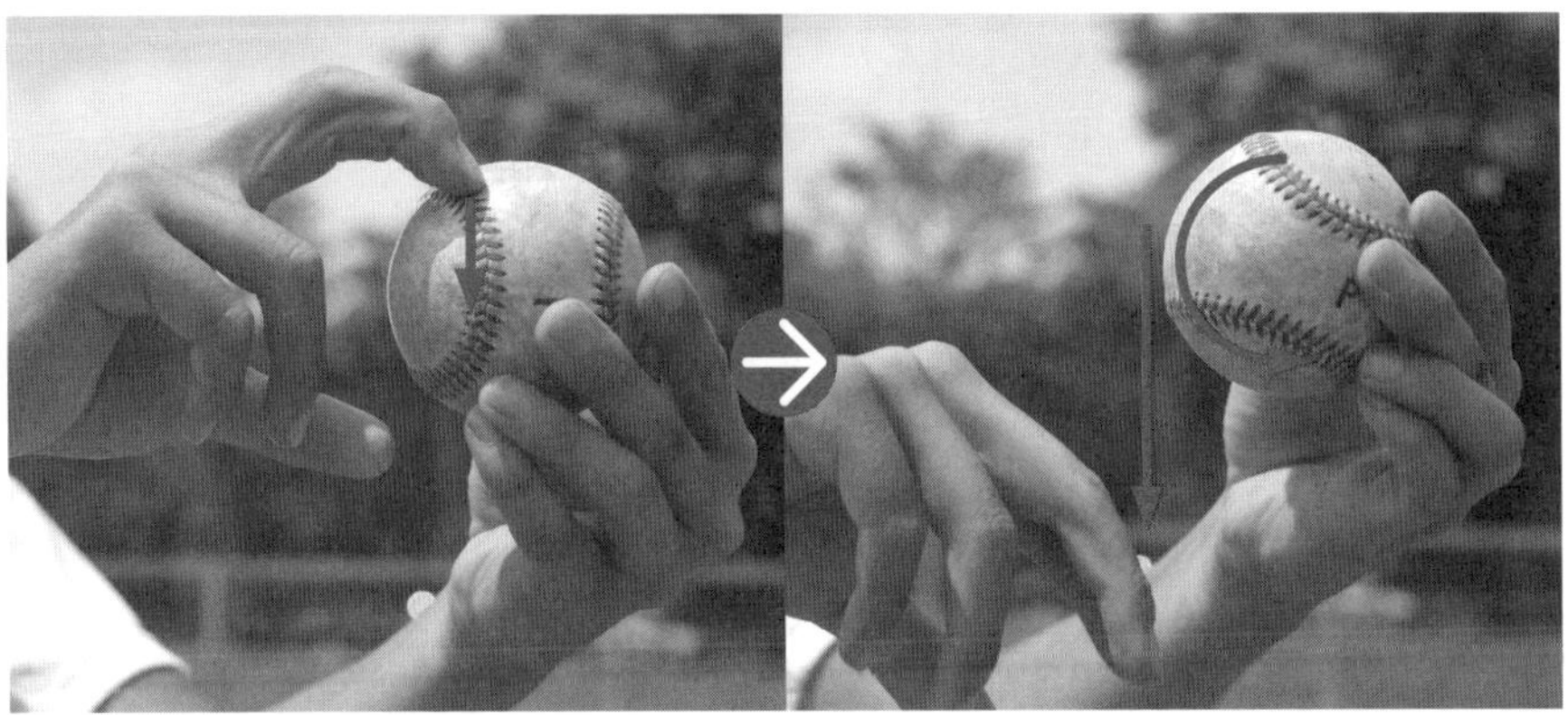

指先をかぎ状にした状態

力を入れずに指で切ると、ボールには適度な回転がかかる

NG

前腕に力を入れてボールを押す

力を入れて押しても、ボールには回転がかからない

最後は人差し指と中指のしなりで弾く

コントロールを調整する時には、肩が固定された状態でヒジが動くことがポイントである。例えばダーツの場合、ヒジを固定し手首のスナップを効かせて的に投げる。これと同じ理屈で、ある程度の高さまでヒジが上がった状態で体が固定され、上から下へ向かって投げていくとコントロールが定まってくる。

またコントロールを語る上で、指先の感覚も大変重要なものである。

ここで上の写真を見ていただきたい。

ストレートの場合、ボールは人差し指と中指、親指の3

本で、二等辺三角形になるように握る。その状態からボールをリリースする段階で、まず親指が離れ、次に人差し指と中指の全体がしなる。最終的には指のしなりの反発を利用しながら、弾くように指先からボールが離れていくのだ。この動きを「ボールを切る」と表現することもある。

　最終的にボールを弾いた指の形は、バネが伸びた後縮むように、しなる前のかぎ状に戻ることになる。

　他の動作と同様に、ボールを切る感覚も、大人になってからでは、なかなか身につかないもの。そのため、幼少期から感覚を覚えておきたいところだ。

　おすすめなのは軟式のボールを使い、お風呂の湯船の中で2本指で弾く練習をすることだ。

指先は敏感な部位

「手は第二の脳」という言葉があるように、指先と大脳の間には密接な関係がある。そのため、体の部位の中でもとても感覚が鋭い部分となっている。

　例えばヒジの上がり方が数cm足りなかったり、上がる角度が違ってしまうと、それだけで狂いが生じてしまうのだ。これはピッチャーにしかわからない感覚であり、逆にピッチャーには必要な感覚である。常に指先の感覚を研ぎ澄ませる練習や習慣が必要になってくるのだ。

　以前、バスケットボールの研究をしている方から、「フリースローが上手な選手は、奥行きを把握する感覚（深視力）が鋭い」と聞いたことがある。コントロールをつけさせるために、私もちょうど指先だけで投げる練習を考えていた頃で、これはどうかと考えた練習がある。

　それが左ページの写真で紹介している「パラボリックスロー」だ。トレーニングの詳細は124ページでも紹介するが、10mほど離れた位置にカゴを置き、そこに目がけて放物線を描くようにボールを投げる練習である。

　このトレーニングで、深視力と手の感覚の協応が鍛えられ、コントロールが上がる、という目論みである。また、肩やヒジへの負担が少ないこともメリットだ。

　実際に、この練習を取り入れてどのような変化が起きるのか、調査したところ、左ページのグラフのような結果が出た。取り入れる前が黒い棒、取り入れた直後の結果が赤の棒のグラフとなっている。右のパラボリックスローを実行しなかった選手たちよりも、左の実行した選手たちのほうが、コントロールが安定したことを示している。

　ここ数年間継続して効果の測定をしているが、この練習によってコントロールが安定すると結論づけていいだろう。

パラボリックスローでコントロール向上

コントロール精度の向上に効果的な練習方法。練習の動きや注意点、セット数などは、124ページで詳しく解説する

ポラボリックスローの効果

制球力テストの得点の変化

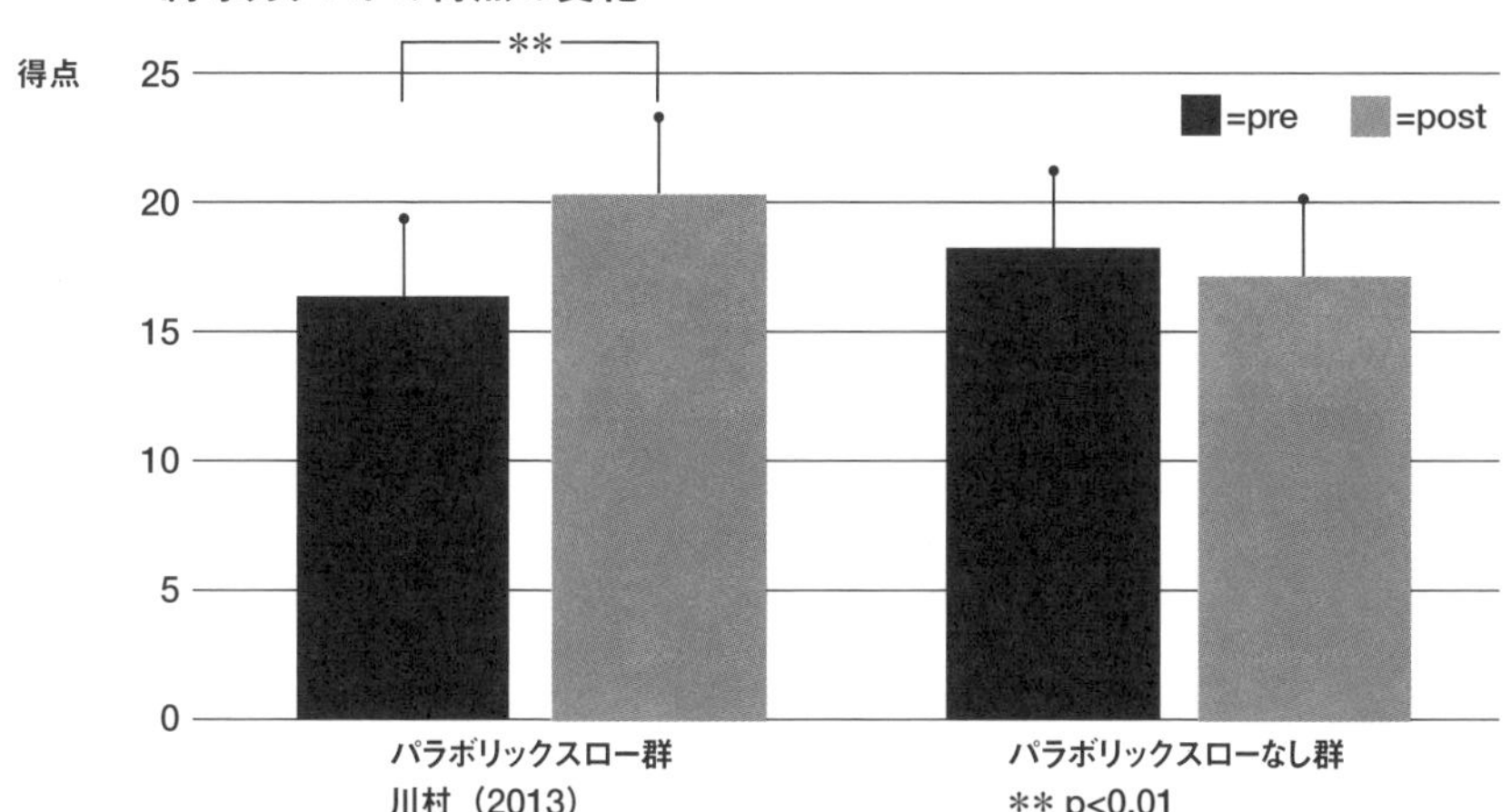

川村（2013）

** p<0.01

これは的に向かって投げ、的内に入れば得点になるという計測をした結果だ。「パラボリックスロー群」の黒はこの練習をする前の得点で、赤は練習後の得点となり練習後は得点が4点上がったことがわかる。一方で「パラボリックスローなし群」は、間に練習をはさまないで投げた結果であり、ほとんど差がない。

打たれにくいリズムと投げ方とは？
タイミングを外す投球術

投球リズムとフォーム、そしてボールのキレ

前の項では、純粋により速く、狙ったところへ投げられるという意味での「よいピッチング」を紹介した。このページでは、バッターが打ちにくいという意味での「よいピッチング」を紹介しよう。

それは、タイミングを取らせない投球だ。

まず、ピッチングにおけるタイミングの要素は大きく3つに分けられる。

1つ目は投球リズム。バッ

打たれないピッチングとは

タイミングを崩す

バッターの本来の動きを狂わせる。効率のよい直衝突（※）を起こさせない

※直衝突＝ボールの進入方向とバットのスイング方向が0度になると、最も大きい力同士の衝突となり、打球が飛びやすい。この角度が大きくなるほどフライ性の当たりとなる。

タイミングに関わる要素

投球リズム
緩急などでバッターのタイミングを外す

フォーム
ボールの出所を見えにくくしたり、動きに緩急をつける

ボールのキレ
ボールの到達位置を変える。バッターの予想以上にボールが落下しない

ターの動きや読みを狂わせるということだ。これには投球のテンポであったり、動きの素早さであったり、球種といった構成要素がある。変化球のキレを磨いたり組み合わせたりすることで、タイミングが取りづらいピッチングが可能になるのだ。

例えば超スローカーブも、大きくタイミングを狂わせる球種といえる。バッター側が通常予測しない球速で、打つ練習もしない速さであるため、非常に効果的なのだ。

フォームから生み出される打ちにくさ

タイミングを外すための2つ目はフォーム。これはボールの出所を見えにくくしたり、大きなモーションとクイックのように動作の量を変えたりする動きである。フォームに変化をつけて打者のタイミングを外す方法は、習得に長い時間がかかるため、別途紹介することにしよう（120ページ）。

さて、日本人ピッチャーの場合、下半身をうまく使って上半身や腕に力を伝えていく投げ方が多いのが特徴だ。よく解説などでも「全身を使う」と表現されるが、このような投げ方が理想とされている。ただし、この投げ方は、投球モーションに時間ができるため、ボールの出所というのが非常に重要なウェイトを占めることになる。つまり、バッターからボールの出所が見え

にくいフォームが必要となるのである。

対比の例としてメジャーで活躍している外国人選手を見ると、腕を大きく振る投げ方を重要視しているため、下半身は腕の振りを邪魔しない動きになる。つまりステップ幅が狭いのだ。

ステップが狭いと上半身を傾けやすく、上半身を傾けることで腕が振れるスペースを作っている。

ところがこのような投げ方では、ボールの出所が初めから見えてしまうという弱点がある。そこで彼らはツーシームという、バッターの手元でずれる球種を多用することで、弱点を補っているのだ。

そして最後の要素であるボールのキレはボールの回転数によるところが大きい。

リズムを変えやすいポイント

では、実際に、打者のタイミングを外す技術にはどんなものがあるのか。いくつかある技術のうち、ここではリズムの変化について、詳しく説明しよう。

ピッチングは、「イチ、ニ、サン」のリズムで行われる。「イチ」で足を上げ、「ニ」で生み出したパワーを体にため、「サン」で投げるのだ。

ではこの中でどこでリズムを変えるのかというと、「ニ」の部分。なぜかというと、「イチ」の部分はパワーをためる動作につながるため、この動作を変えることでうまくパワーをためられなかったり、フォームを崩す可能性も出てくる。また「サン」は生み出したパワーをボールに伝える動作のため、リズムを変えるとボールにうまくパワーを伝えられなくなるおそれがあるからだ。

これらに対して「ニ」の部分は意識だけで時間の長短をつけやすくなる。そのため、意図的に「ニ」を長くしたり短くすることで、比較的楽に打者のタイミングを外すことができる。現在のプロ選手では、ミネソタ・ツインズの前田健太投手の技術が秀逸といえるだろう。

また3拍子ではなく、2拍子のリズムで投げてタイミングを崩す方法もある。これはテイクバックを小さくし、「イチ」と「ニ」を同時に行う投げ方である（クイックのようなテンポ）。当然ボールに伝わるパワーとの兼ね合いが出てくるが、タイミングを外すという意味では有効だ。

バッターのタイミングの取り方

日本人のバッターの多くは、下半身を使って大きなタイミングの取り方をしている。51ページ下のグラフは、筑波大学野球部のレギュラーと非レギュラーのステップから接地までの時間を測った結果である。

こうして見ると、レギュラー陣のほうがステップから接

一流の打者は「タメ」ができている

接地した状態　一流のバッターほど、この部分のタメが長い　打撃動作を始動した状態

打撃動作にかかる時間

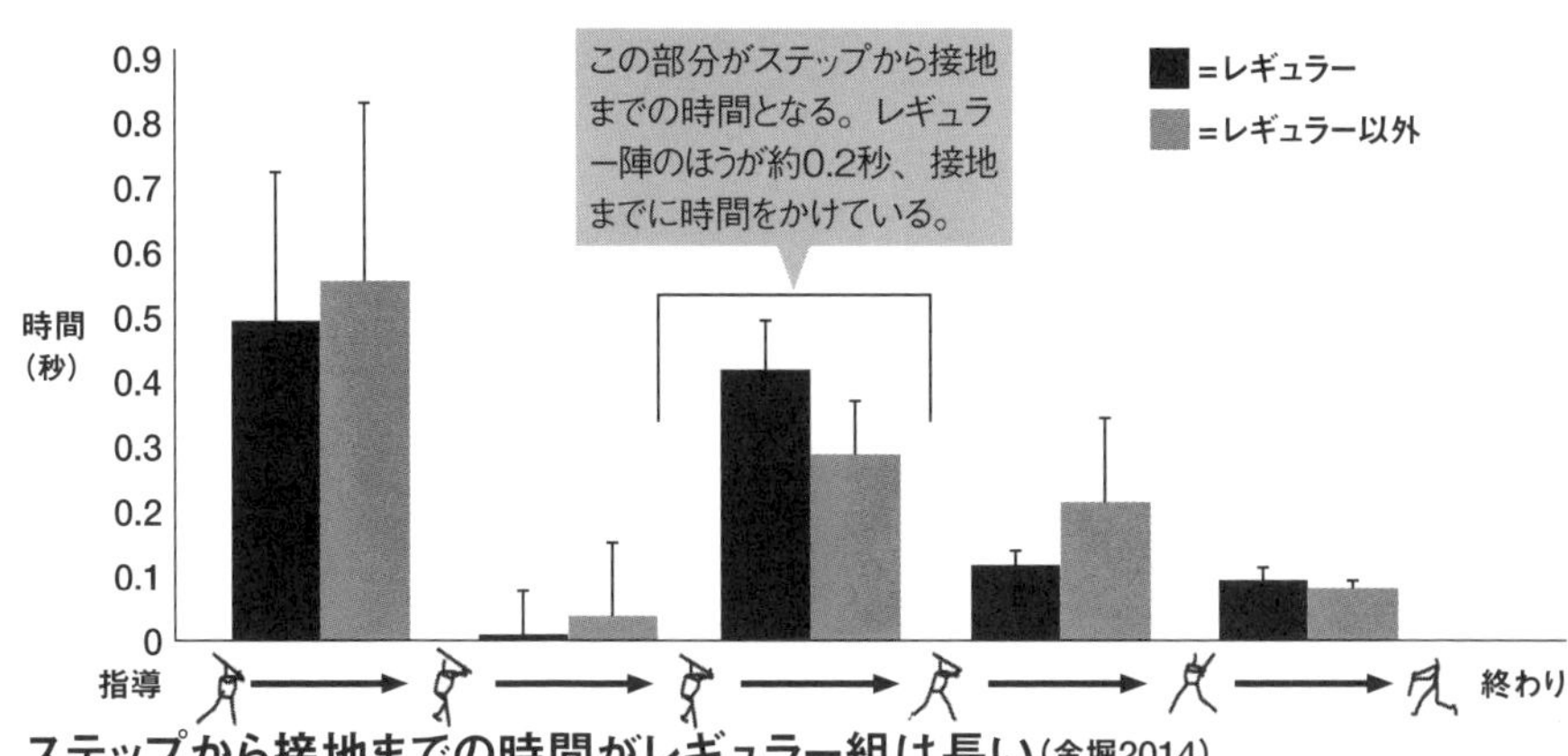

ステップから接地までの時間がレギュラー組は長い（金堀2014）

地まで、長い時間を使っているのがわかる。これが、「下半身で大きくタイミングを取る」動きだ。

この結果の意味するところは、よいバッターは多少のことではタイミングを外されない、ということ。

このようなバッターを打ち取るためには、ピッチャーもあらゆる工夫をこらさなければならない。

ここで、さきほど述べた「ボールの出所」をわかりづらくする技術が必要となる。バッターからピッチャーが投げるボールを予測させる時間を遅らせる、ということにつながるため、タイミングを外せるわけだが、これについては120ページで詳しく解説する。

ピッチャー必見！投球練習時のチェックポイント

「立ち投げ」で質の高い準備をする

　ピッチャーはブルペンで最初に、キャッチャーを立たせた状態で投げる「立ち投げ」をする。まず気をつけるポイントは、ボールの軌道を自分でしっかり見ることだ。

　そのためには、頭がブレないことが大切で、頭＝視線がブレなければ腕の振りが見え、ボールの軌道もしっかりと見ることができる。投げるコースはストライクゾーンの上側で、まっすぐな球種を投げる

立ち投げではボールの軌道をチェック

こと。そして肩が慣れてきたら、徐々に狙いを下げて投げるコースを低めにしていく。全体を通して大切なのは、ボールに指が掛かった状態を維持したまま、徐々にストライクゾーンの低い位置に向かって投げていくことだ。

最低でも、立ち投げと中腰、座った状態の3段階に分けて投げていくことをおすすめする。ピッチャーの状態にもよるが、立ち投げを15球前後、中腰から座った相手に投げるまでで20球から30球程度を投げるのがよいだろう。

こうして明確に意味を持った立ち投げから入ると、マウンドに立つまでの準備の質が大きく変わってくる。

チェックポイントは「まっすぐに立つ」こと

さてピッチングでの体の使い方で一番大事になるのは、軸を一本通したようにまっすぐ保つことだ。これはなかなか自覚しにくい点で、本人はまっすぐ立っているつもりでも、左右どちらかに傾いていることが多い。また左右だけでなく、反っていたり猫背になったりと、前後のバランスが崩れていることもある。

特に立ち上がりのピッチャーは、体の前後左右のバランスの崩れによって、ピッチング自体が崩れることが多い。例を挙げると、「足を上げた際に体が反ってしまい、体が開く」、「体が閉じて猫背になり、

マウンドの固さチェック

広いスタンス

マウンドが柔らかい場合には、通常通りのスタンスでよい

狭いスタンス

マウンドが固い場合には、スタンスを狭めて上半身を使う割合を増やすと、コントロールの調整がしやすい

マウンドを削りながら、固さを確認する

そのままでは投げられないために、自然と体が開いてしまう」、「本来は股関節の内側に力をためたいのだが、足を上げたときに外側へ傾いてしまい力がたまらない」などである。

　これらのバランスの狂いというのは無自覚な状況で起こるため、ウォーミングアップでは、体のバランスをできるだけ正確にチェックし、調整することが大切だ。例えば、片足で立った時にまっすぐ立てているのか、バランスは崩れていないかといったやり方がある。また第三者にフォームを見てもらうのも有効だろう。さらには、歩いたり走ったりしてみて、体の軸がブレていないかを確認する方法もおすすめだ。

マウンドでの投球練習で感覚を調整する

身体のバランスのチェックに加え、プレーボール前やイニングの合間のマウンドでの投球練習では、その日に投げる球種のチェックも必要だ。例えば、ボールが高く抜けてしまう傾向が強いとする。その場合は、指先がボールに引っかかっていないことが多い。そのため、指をより引っかけて投げる変化球の頻度を増やすことで、指先の感覚を取り戻したり、調節したりできる。逆に引っかかりすぎると感じた場合には、高めのボール球の頻度を増やすことで、引っかかり度合を弱める効果が期待できる。

また、キャッチャーまで遠く感じる場合には、マウンドよりも後方から投げてみたり、遠投をするといったやり方で、感覚を調整するとよい。

マウンドでの投球練習は、キャッチャーにとってもピッチャーの状態を把握する機会になり、同時に修正をする場となる。例えばボールが高めに浮いている場合には、思い切ってワンバウンドを投げさせるといった調整法が有効だ。試合の中で「低め、低め」とキャッチャーがミットを下げるようなゼスチャーをすることがあるが、投球練習でワンバウンドを投げさせるほうが効果的である。

マウンドに立ったら確認すべきこと

最近は人工芝の球場が増え、マウンドの土も固くなっている傾向にある。その一方で、練習場のマウンドは柔らかいことが多いため、試合になってからこのギャップがピッチングに影響を及ぼすシーンをよく見かける。

人工芝では芝に土が飛ばないように、土自体を固くするため、総じてマウンドも固くなってしまうのだ。以前、ある高校生ピッチャーが、たった1球もストライクを取れずにマウンドを降りたことがあった。その後マウンドを見てみると、まったく土が掘れていなかったのだ。

このように、マウンドの固さによって、制球を乱すケースが非常に増えている。なかでも、後ろヒザが地面に着くくらいステップの広いピッチャーは、固いマウンドには向かない傾向が強い。このタイプは特に股関節を使ってコントロールを調整するため、マウンドにはある程度の柔らかさ（遊び）がないと、うまく調節ができなくなってしまうのだ。

固いマウンドに対して有効なのは、ステップ幅を狭め、上から下へ振り下ろすようにする投げ方。固いマウンドでは下半身の動きを調整しにくいため、いつもより投げることで上半身を使う比率を上げることを心がけてなげるといいだろう。

01
フォームを作るトレーニング

背すじが伸びた美しい姿勢はピッチングフォームの基本

るには、まず直立のときに、よい姿勢であることが求められる。姿勢が悪いと、例えば関節の可動域が狭くなり（身体を大きく動かせなくなり）、筋力を十分に活かせない。それどころか、身体が歪んでいるということであり、ケガをしやすくなってしまう。

ピッチャーにとってのよい姿勢とは、一般的な美しい姿勢と同じ。背すじが伸びた状態である。また、正面から見たときに、どちらかの肩が下がっていないかも確認したい。

ピッチャーは酷使する利き腕のほうが下がり気味になりやすいので注意が必要だ。

姿勢が悪い場合、特に猫背などは、普段から意識して、背すじを伸ばすように心がけるだけでも、よい姿勢に修正することができる。

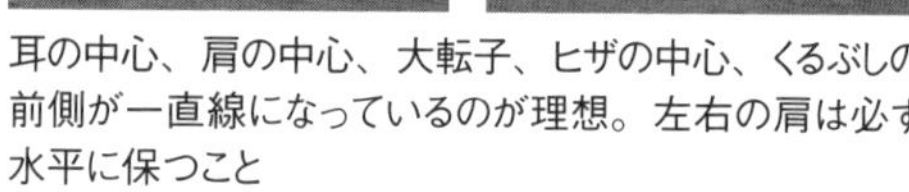

耳の中心、肩の中心、大転子、ヒザの中心、くるぶしの前側が一直線になっているのが理想。左右の肩は必ず水平に保つこと

両肩のラインが水平であることを確認

身体を動かす練習に入る前に、まずは姿勢の確認から。

これはすべてのスポーツに共通していえることだが、自分が持つ力を最大限に発揮す

Check

大転子とは

大転子（だいてんし）とは足の付け根付近の「出っ張った部分（骨）」。直立の姿勢から片足を前に出し、かかとを地面につけた状態でつま先を左右に振ると、よく動くので、それによって位置を確認できる

大きめの歩幅で「まっすぐに歩く」お尻の筋肉と骨盤を意識する

背すじはまっすぐ、お尻と骨盤を意識しながら歩く。ストライドはやや大きめに

NG!
背すじが曲がっていたり、がに股で歩くのはNG。胸を張るように意識するのもよい

日常生活でも正しい歩き方を意識しよう

実際の試合では「歩く」がクローズアップされることはないが、優れたピッチャーになるためには、じつは「歩く」も軽視できない。その理由は、正しいフォームで歩けるということは、筋肉や関節を適切に動かしているということであり、それはピッチングのフォームやパフォーマンスに影響するから。

ピッチングにとって理想的なのは、やや大きめのストライドで、足をまっすぐに踏み出す歩き方。太ももの筋肉はもちろん、お尻の筋肉も意識したい。

また、骨盤を意識することもポイントで、一歩踏み出したあとには、それに続いて骨盤がしっかりと前に出てくるイメージで歩くように。

日常生活のなかでも、理想的な歩き方を心がけてほしいし、ウォームアップやクールダウンとして、正しいフォームでのウォーキングを取り入れてもよいだろう。

ピッチャーのためのランニング 正しい姿勢で走ることがポイント

姿勢に注意しながら、全力ではなく、70〜80%くらいの力で走る。背すじをのばして、丹田が引っ張られるような感覚で走る

丹田が引っ張られるように ヒザを前に出す

ランニングはほとんどのスポーツで必要なトレーニングで、それは野球も例外ではない。そして、ランニングの効果は心肺能力を高めるだけではない。

ここでは優れたピッチャーになるために欠かせない、姿勢づくりや特に下半身の筋力アップにつながるランニング法を紹介する。

それは正しい直立姿勢（56ページ）のまま、身体を前に

NG!

前傾姿勢にならないように気をつける。前傾姿勢で走ると、ピッチングに直接的に役立つ能力は養えない

太ももを上げるのではなく、ヒザを前に出すように意識する

VARIATION

前に倒れこむようにスタートしたり、もも上げをしてからスタートしてもよい

POINT

練習のポイント

回数
150〜200m×2〜3セット

目的
理想的なピッチングフォームを身につけるための土台を養う

注意点
背すじが伸びた状態でヒザを前に出すようにして走る。必要以上に身体を前傾しないこと

倒してヒザをしっかりと前に出すようにして走ることだ。感覚としては丹田といわれるベルトの少し下くらいの部位が引っ張られるようなイメージで行うとよい。

距離の目安は150〜200m。ペースは、いわゆるダッシュのように100％の力ではなく、70〜80％の力で走る。

身体が前傾しすぎて、足が後ろに流れてしまうのはNGだ。こうなると、しっかりと足で地面を押すことができず、きちんと身体の力を使えない。

このランニングは重要度が高いものであり、筑波大学でも積極的に行っている。ぜひ、普段の練習に取り入れることをおすすめする。

04
フォームを作るトレーニング

効果が大きい「サイドステップ」シンプルだが上半身の姿勢に注意

肩幅より広めに開き、骨盤を軸に上体を前に倒す。進行方向に対して後ろ側の足で押し出すようなイメージで前足を真横に出す。3歩ほど真横に移動したら、進行方向を反対側へ

NG!
身体が傾いたり、上に飛び跳ねないように要注意

上体は前傾させるが背すじはまっすぐ

ピッチングには、足を振り上げてから、真横に踏み出す動作がある。ここで紹介するサイドステップは、まさに、その足の動きと同じである。

ピッチングでは特に太ももの内側の内転筋やお尻の外側にある中殿筋が必要になり、それが弱いと力のあるボールを投げることができない。

サイドステップはポピュラーなトレーニングで、動きもシンプルだが、じつはピッチングにつながるような正しいフォームで行うのは難しい。

注意するポイントは上半身で、背すじをまっすぐ伸ばして行わないと効果が得られない。

進行方向に対して後ろ側の足で前足を押し出すようなイメージで行うとよい。

POINT
練習のポイント

回数
20秒間

目的
足を真横に踏み出す感覚とそのための筋力を強化する

注意点
背すじを伸ばし、上体が傾かないように気をつける

05 フォームを作るトレーニング

「バック走」で身体のしなりを強化 お尻の筋肉を意識して走る

背すじを伸ばして、まっすぐに立ち、片足をまっすぐに後ろに引き、進んでいく

NG! 必要以上に太ももは上げないこと

VARIATION

慣れるまでは走らずにその場で片足を後ろに引き、戻すという動きを行ってもよい

お尻周辺の筋肉を意識して行う

ピッチングでは、振りかぶったときに背中が反るような状態になり、アーチを描くことになる。その身体のしなりを利用することで、力強い投球ができる。

そのしなりを生み出すために必要なのは骨盤の前傾と股関節の伸展。大臀筋などのお尻周辺の筋肉を使うことになるが、それを強化するためのトレーニングが、このバック走である。

方法はシンプルで後ろ側に走る。お尻周辺の筋肉がメインターゲットで、実施時には「お尻の筋肉を鍛える」と意識することが重要。うまくできない選手には、その意識がなく、ヒザから下の部分だけを動かしていることが多い。

POINT

練習のポイント

回数
10〜20m×1〜2セット

目的
ピッチングに必要な身体のしなりを生み出す、お尻周辺の筋肉を鍛える

注意点
対象部位、お尻周辺の筋肉を意識する。太ももを高く上げる必要はない

06
フォームを作るトレーニング

「フロントランジ」で軸を保って下半身を強化 台を利用して負荷を高めることも

まっすぐに立った状態から、足を前に踏み出す。身体が前に傾かないように注意して、止まる。重心はあまり落とさない。前足で地面を蹴り元の姿勢へ

NG! ゆっくりと行い、上体は地面に常に垂直

VARIATION
台に後ろ足をのせると強度が上がる

ヒザがつま先より前に出ないように気をつける

このトレーニングは下半身を強化するための、最もポピュラーな筋トレの種目の一つ。高い効果が期待されるトレーニングだが、ピッチングの能力を高めるものとして取り入れる場合には、足を前に踏み出した際に、身体をピタリと止めることを心がけたい。この動きはピッチングの動作にも共通していて、1回ずつていねいに行うことが重要である。また、後ろ足のヒザがまっすぐ前を向くように行うことも大切だ。

台を利用して、より負荷をかけることも可能だが、ケガ防止のため、足を曲げたときにはヒザがつま先より前に出ないように注意。

P-O-I-N-T
練習のポイント

回数
左右各8～10回

目的
下半身を総合的に強化

注意点
踏み出す歩幅はできるところからでOK。ただし、毎回、同じ位置に踏み出す再現性の高さは必要

07 フォームを作るトレーニング

アーチの感覚を養う「スプリットジャンプ」全身のしなりを鍛える

直立の姿勢から左足を前に出し、重心を落とて真上にジャンプ。空中で前後の足を入れかえ、ピタリと着地

NG!
前屈みになると、十分な効果が得られない

VARIATION
低いジャンプで行うと体幹の強化にもつながる

しなりの強化によって強い腕の振りが生まれる

実際のピッチングでは、投げる方向とは逆側、つまり背中側に身体全体でアーチを作る。そのアーチが、まるで的を射る弓のような働きをして、強い腕の振りにつながる。その感覚を養い、動きに使われる筋肉に刺激を与えるのが「スプリットジャンプ」だ。

前ページ「フロントランジ」の姿勢がスタートポジション。そこから大きく真上にジャンプして、前後の足を入れかえてから着地する。

ジャンプの際には、必ず背すじがまっすぐに伸びているように保つこと。前傾してしまうと、理想的なピッチングに必要な「背中のアーチを作る」に結びつかない。

POINT 練習のポイント

回数
10回

目的
ピッチングで必要な背中側のアーチを作る能力を養う

注意点
ジャンプ時に背すじはまっすぐ。着地したときにピタリと静止する

08
フォームを作るトレーニング

「ヒップローテーション」腰の回転力を高めて大きな力を生み出す

右足を台に乗せて、顔は正面、身体は真横を向いた状態からスタート。腰を回して、身体を正面に向ける。10～20回行ったら、逆の足で

NG! 腰の回転につられてヒザが外に開かないように要注意

後ろ足を前足にぶつけるイメージ

腰の回転は、ピッチングに欠かせない要素で、大きな力を生み出す原動力である。強い力を発揮するには、コンパクトに回転すること。その能力や感覚を身につけるためのものが、このトレーニングである。

やり方は片足を台に乗せて、実際のピッチングのように腰を回す。見た目には、お尻も回転することになる。

ポイントとしては、後ろ足（台に乗せた足）を前足にぶつけるようなイメージで行うと、しっかりと腰を回せるようになる。

最初は「ゆっくりと」でOKだが、慣れてきたら速く回すようにしよう。

POINT

練習のポイント

回数
左右各10～20回

目的
より大きな力を生み出すために腰をコンパクトに回す能力や感覚を養う

注意点
台に乗せた足のヒザは「まっすぐ伸びたまま」が好ましい

「メディシンボールステップ」で肩の安定性を高める

それぞれの手でメディシンボールを持ち、高い位置に保つ。真横へのステップで3つのミニハードルを越える。終えたら逆方向へ

NG! ヒジが下がると十分な効果が得られない

ヒジを高い位置に保つために必要な筋力を養う

よいフォームの特徴の一つに利き腕のテイクバック後に、ヒジが下がらないよう前へ腕を振ることがある。それには肩周辺の筋力が必要だ。

私はよく、自分が任されている投球数をヒジが下がらないで投げられる能力を「肩の安定性が高い」と表現するが、このトレーニングは肩の安定性を高めるためのもの。メディシンボールとミニハードルを使用するが、選手の筋力に合ったものを選ぶのが大前提。メディシンボールは500㎖のペットボトルでもよく、練習環境に応じて工夫をしてほしい。肩はデリケートな部位なので、肩に痛みや違和感がある場合は、無理をしないように気をつけよう。

POINT
練習のポイント

回数
3往復

目的
投球時に利き腕のヒジが下がらないように肩周辺の筋力を高める

注意点
どうしてもヒジの位置が下がってくるが、できるだけ高い位置でキープ

「メディシンボールキャッチ」ボールの切れをよくする

低い位置からスタート。ボールを引き上げ、一度ボールを離したら、スタート時と同じ位置でボールをキャッチ。この動きを繰り返す

指も見逃せないトレーニングの対象

前ページ同様にメディシンボールを使用するトレーニングだが、ここで使うのは0・5～1kgと小さめのタイプ。ボールを指でつまむようなイメージで行う。

球速が150キロを超えるようなプロの投手のピッチングを研究すると、指の使い方がとてもうまいことに気がつく。わかりやすく表現すると、優れたピッチャーはボールを指で強く弾けるのだ。

指の感覚や筋力は、球速のみならず、ボールの切れやコントロールにも大きく関わる。見すごされがちだが、よいピッチングをするためにはこのような指を対象としたトレーニングにも積極的に取り組むことをおすすめする。

POINT
練習のポイント

回数
20～30回

目的
指の感覚や筋力を高める。球速アップなどの効果が期待される

注意点
負荷が小さいので、前腕に張りを感じるくらいまで行いたい

PART2

球速を上げる

腕のしなりを生む動き①
ヒジの上がりと体幹の重要性

体幹が弱いと体軸が不安定になり、肩甲骨もスムーズに動かせない

ヒジと体幹の関係

ピッチングにおいてヒジを上げる動作は、とても重要なことである。

なぜなら、ヒジが上がることで肩関節が動きやすくなり、その結果腕を大きくしならせることができる。つまり、腕の外旋角度を大きくできるからだ。

ところが実際には、ヒジを上げられない選手も多い。これには体幹の強さが大きく関わっている。

ヒジは、肩甲骨を動かすこ

体幹が強いと、肩甲骨をスムーズに動かせる

とによって上に引き上げられる。そして肩甲骨をスムーズに動かすためには、体幹の強さが必要となる。これを比較したのが、上の2枚の写真である。

体幹が強いほど、体の様々な部位を動かしてもバランスが崩れることが少なくなる。つまり、体幹が強いほど体を固定でき、その状態であれば肩甲骨を動かしても体のバランスが崩れない。

ところが体幹が弱ければ、肩甲骨を動かしたと同時に体のバランスが崩れてしまう。バランスが崩れた状態では、肩甲骨もギクシャクした動きしかできず、その結果、スムーズなヒジの上げができなくなるということになる。

ヤンキース田中将大選手の投球フォーム

ニューヨーク・ヤンキースの田中将大選手の投球モーション分解写真。これを見ると、実際のヒジの位置、腕のしなり（外旋角度）の広さがわかりやすいだろう。

ヒジが上がり、肩関節が外旋している状態

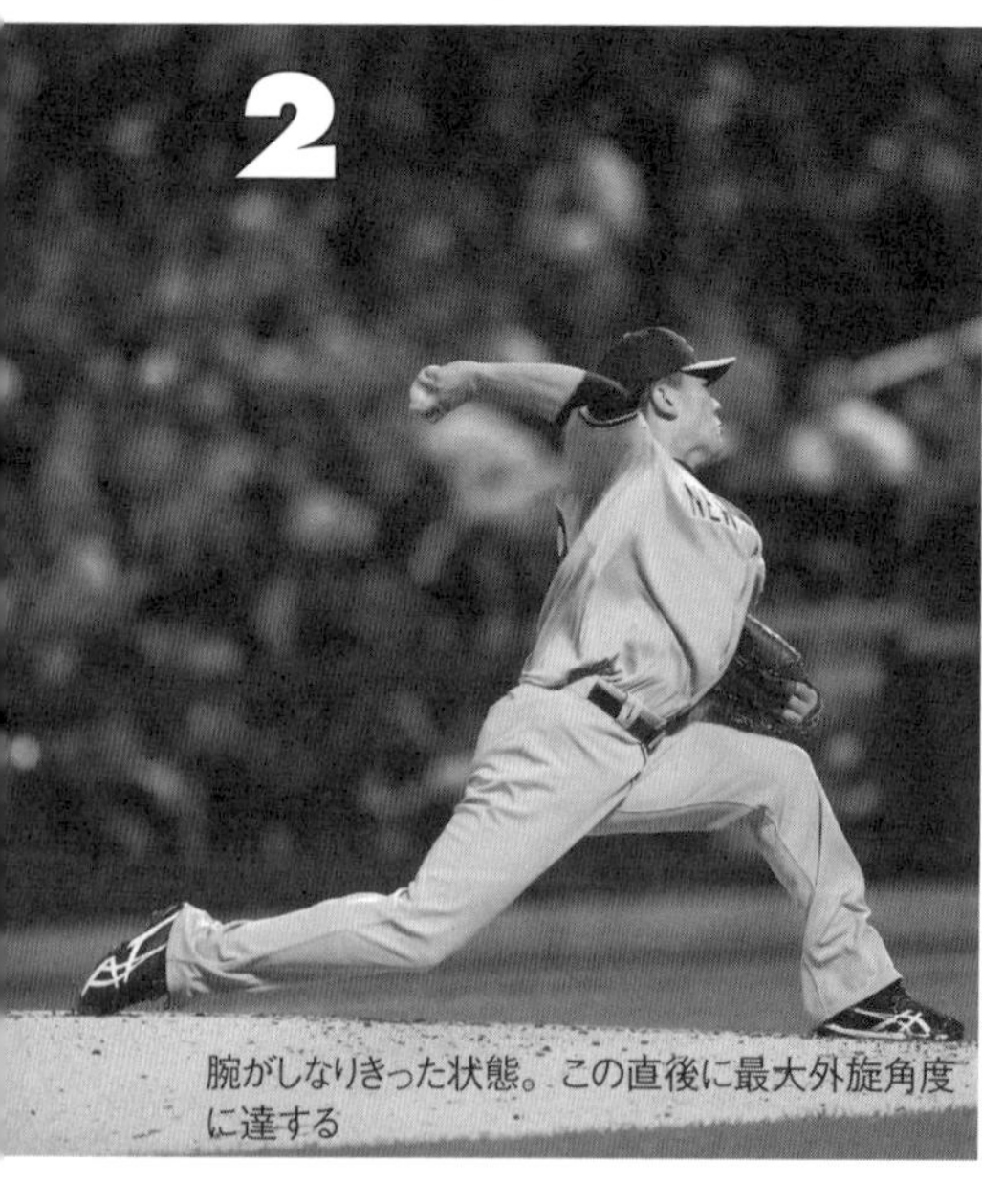

腕がしなりきった状態。この直後に最大外旋角度に達する

肩関節が一気に内旋した状態

ピッチング時の肩関節の動き

ヒジが上がると肩関節の動きが大きくなり、腕のしなり（外旋角度）が大きくなる（右の図）。

まずは「投球時の肩関節の動き」だが、はじめは腕に外旋という動きが起こり、そこから一気に内旋していることがわかる。このうち外旋の部分で重要となるのが、先ほど紹介したヒジの動きだ。

そこから投球モーションが進むにつれて腕にしなりが生まれる。「腕のしなりの違い」では、速いボールが投げられるピッチャーほど、腕のしなりが大きくなるということが、このように数値としてもはっきりと表れている。

体軸に対する外旋角度を測ってみると、アマチュア選手が90～１０４度なのに対して田中投手の場合は１１９度、エンゼルスの大谷選手になると１３２度という驚異的な角度になる。

このページでは「ヒジ」を上げることで肩の可動域が広がることを説明してきた。次の項ではさらに、腕のしなり（外旋角度）が大きくなるメカニズムを紹介しよう。

投球時の肩関節の動き

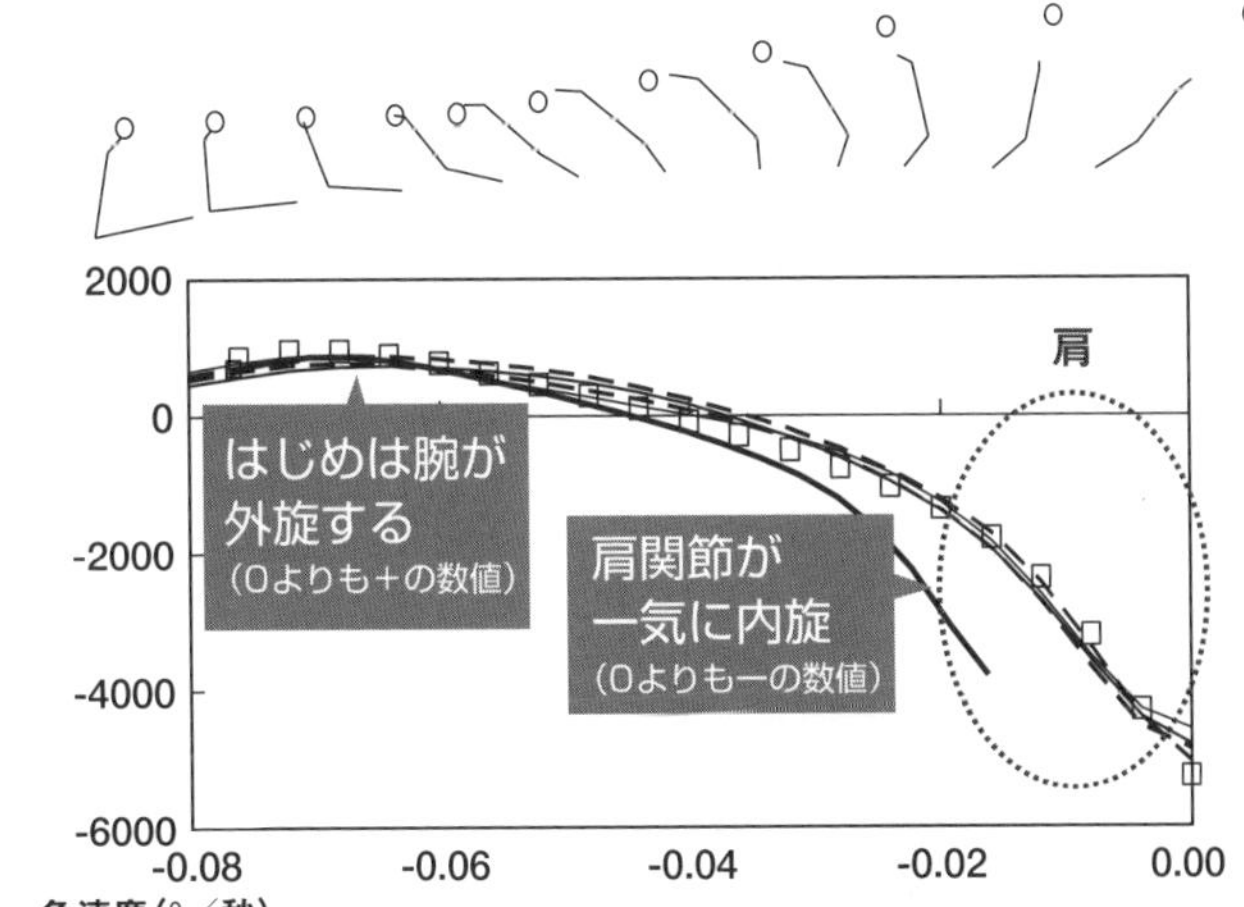

腕のしなりの違い

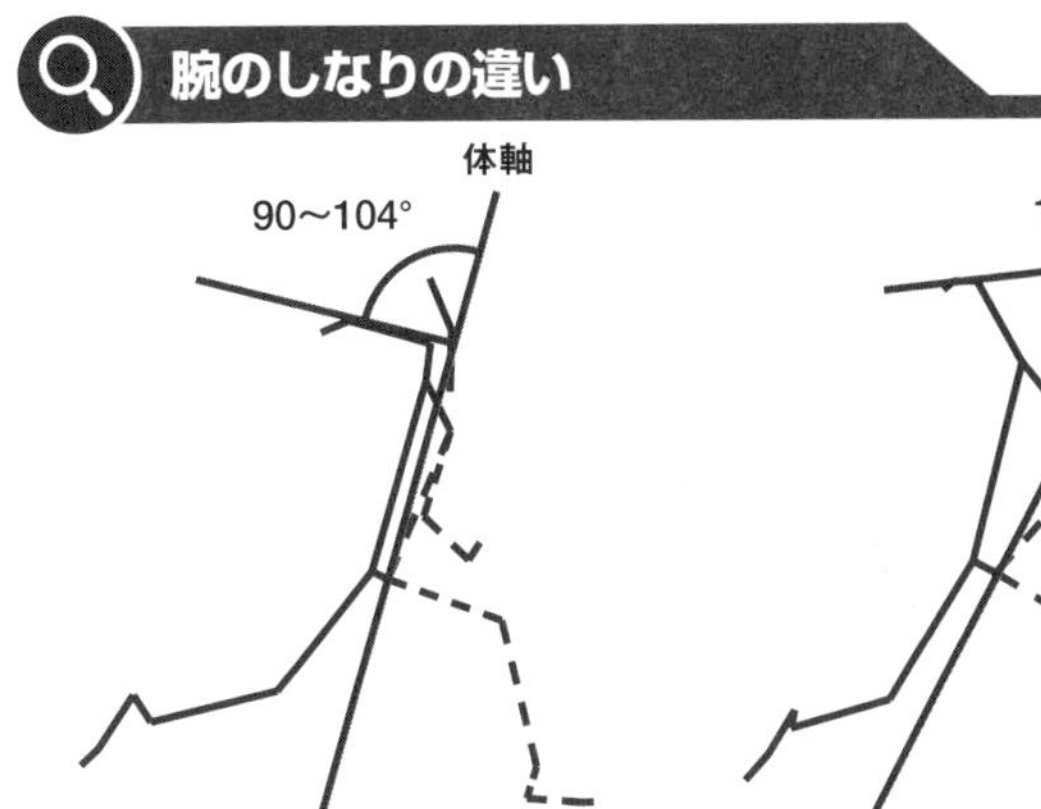

腕のしなりを生む動き②
肩甲骨と胸椎で腕のしなりは大きくなる

肩甲骨を引き寄せて胸を張ることで、ヒジが高く上がる

肩甲骨を引き寄せ「胸が張れる」状態を作る

前の項ではヒジと肩関節の関係を説明したが、腕の外旋角度は肩全体では約150度のしなりができる。この内訳は、肩甲上腕関節が103度程度、肩甲骨が25度程度、胸椎が10度程度である。また肩関節だけで外旋を作った場合、肩やヒジに大きな負担がかかり、ケガをするリスクも大きくなってしまう。外旋角度を広げるためにも、ケガのリスクを少なくするためにも、肩甲骨や胸椎を使って投げることは非常に大切である。

具体的な動作としては、肩甲骨を引き寄せることで、いわゆる「胸が張れる」状態が

腕のしなり（最大外旋）はどう作られるか

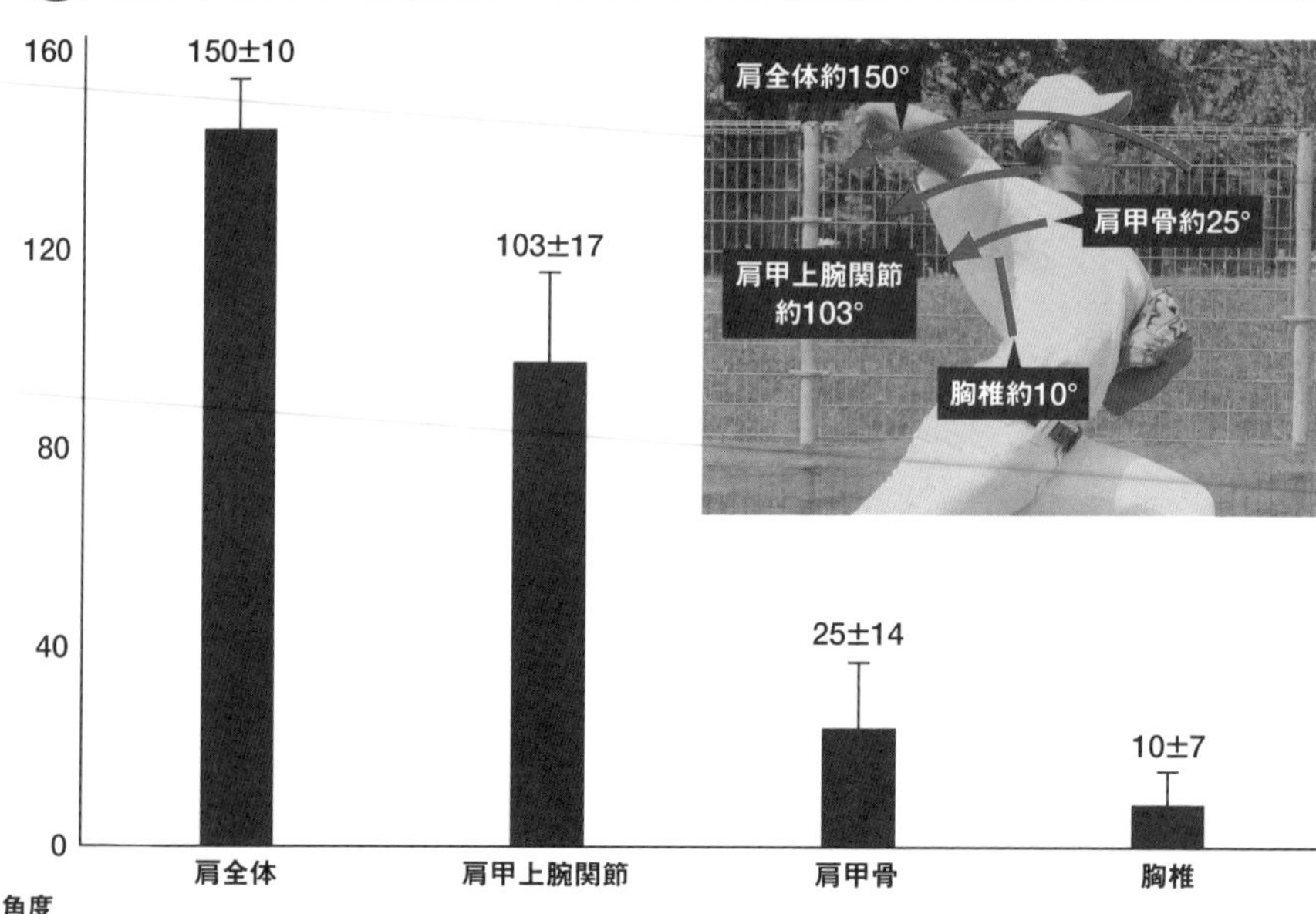

できる。さらに肩甲骨が寄ることで腕の可動域が広くなり、その結果25度程度の角度が生まれてくる。胸椎の動きも見逃せない。

日本野球連盟の体力測定のデータに面白いものがある。測定の目的は速いボールを投げられるピッチャーの共通点を探すことで、145㎞／h以上を投げるピッチャーを集めて行われた。全員に対して合計30種目程度の様々な体力測定を行ったが、全ピッチャーが共通してよい結果を出したのはたった2種目だけだったのだ。残りの種目はことごとく個人差があった。

共通してよい結果が出たのが上体反らしと立ち5段跳びで、上体反らしは60㎝以上、立ち5段跳びは約13mという結果だった。この2種目のうち、上体反らしはまさに胸椎が動くことが重要であり、胸椎を動かせるほどよい数値となる。

ヒップホップダンサーに胸を張るフォームのヒントがある?

先ほども紹介したように、胸椎には10度程度の可動域がある。そのため、投球時に胸椎も使うことでより大きなしなりを生み出すことができる。この胸椎は背骨の一番上に位置し、胸椎がずれることで前方向に出すことができる。

その胸椎をうまく使っている具体例がヒップホップのダンサーだ。このダンサーたちは胸椎の部分をうまく動かして踊ることができる。体をパ

胸椎が動く投げ方と動かない投げ方

胸椎が手前側に出てきた結果、胸を張ったシルエットになる

胸椎が動かないために胸の張りがなく、猫背の姿勢にも見える

右ページのグラフで、肩甲骨（25度前後）、胸椎（10度前後）でも腕のしなりが作られることがわかる。ケガのリスクを少なくするためにも、これらの箇所を使うことは大切だ

ーツ、パーツで動かすことができるのだ。この動作は見逃せない。

よいピッチャーというのは、先天的なのか、子どもの頃の生活環境からなのか分からないが、胸椎を動かしたピッチングができる。だからこそ、きれいに胸を張ったフォームになり、球速のあるボールが投げられるのだ。

では、どうすれば胸椎がうまく動かせるようになるのかというと、日常的に胸椎を動かす習慣をつけることが有効である。186ページから紹介する筑波式棒体操にも胸椎のずれを作る動きが含まれているので、ぜひこの体操を日頃のウォーミングアップなどに取り入れてもらいたい。

03

下半身の捻転

球速を生む下半身の捻転 上半身にうまく力を伝える「タメ」

球速の違いの大きな理由の一つは、ステップ中の「捻転」

■タメのあるピッチング

一度外転させる

太腿の内転ができている姿勢。この姿勢ができると、下半身のパワーを上半身へ伝えられる

太腿の内転ができているため、上半身が突っ込まない。また、上半身と下半身に捻じれが生まれる

■タメのないピッチング

太腿の内転がないため、すぐにヒザが開いてしまう

内転がないため上半身の突っ込みを止められず、体全体が前のめりになってしまう

球速を生み出す「捻転」の動き

140㎞/h以上のボールを投げられるピッチャーになると、ヒジや腕の使い方はさほど変わらない。

そこで、体幹や下半身の動きを比較するために、150㎞/hを投げるピッチャーと140㎞/hを投げるピッチャーの投球フォームを重ねてみたことがある（なるべく条件を合わせるため、同じくらいの背格好の選手で計測）。

まずわかったことは、ステップの幅に大きな違いがあったことだ。

さらに検証を続けていくと、150㎞/hを投げるピッチャーは、ステップ時に股関節を動かす、「捻転」と呼ばれる動作をしていることがわかった。一方で１４０km／ｈのピッチャーは、ヒザが出てくる投げ方をしていたのだ。これは、ヒザを曲げて力をため、ヒザを伸ばしてステップする動きである。

ピッチングの「タメ」とは捻転だった

ここで77ページの写真を見てほしい。ピッチャーが投球するステップを連続でとらえたものだ。上の選手の捻転の動きに注目すると、太腿を中心に一度外転させてから、内転させていく動きを行っている。いわゆる、「タメ」と呼ばれる動きだ。

まず、投球モーションに入ってからステップ足（左足）が接地するまでの軸足は、外転の動きとなる。ステップ後は軸足の太腿を絞るようにして内転の動きに変わる。この結果、下半身で大きな力が作れるようになるのだ。マウンドの高い位置から低い位置へ移動する際に、このタメを作ることで上体が突っ込まなくなり、ボールに力を伝えられるようになる。

捻転の動きに対してヒザの曲げ伸ばしを使うピッチングの場合には、ヒザを伸ばした瞬間に体が前に移動してしまう。体が突っ込んだ状態になるのだ。そのため、下半身で作ったパワーをうまく上半身に伝えられず、腕の力や体を前に倒す力でしか投げられなくなる。その結果、球速も上がらないのだ。

よいピッチャーは、足を踏み出しても肩が開かない

次に、視点を肩へ移してみると、ここでも一つの発見があった。球速のあるピッチャーは、足を前に踏み出した瞬間は肩が閉じていることが多いのである。

前ページの上段、「タメのあるピッチング」のフォームを見てみると、前足が着地しても体が開かない状態、つまり胸が三塁方向を向いたままになっていることがわかるだろう。

つまり、ステップをしてもまだ、後ろ足に体重が残った状態になっているということである。言い方を変えると、下半身が回り始めているのに対して上半身が抑えられていることになる。この動きによってはじめて上半身と下半身の連動性がうまれ、より大きな力をボールに伝えることができる。

それに対して、前ページ下のフォームのように、体重がすぐに前足に移る場合には、体全体が前のめりになってしまっており、下半身で作り出したパワーが上半身に伝わらない状態になっていることが見て取れる。

そのため、どうしても腕のパワーを中心とした投げ方、俗にいう腕投げとなってしまい、それが球速の違いとなって表れるのである。

Special lesson

椅子に座ってできるタメを作る練習

腰が落ちていく場所にイスを置く

しっかりと体軸を保ったまま足を上げる

お尻から始動し、前足を踏み出す

上半身を回さずに体重を前足へ動かすと、結果的にイスに座る

この練習では、①お尻から始動して足を踏み出す、②前足のヒザを前に出さずにタメを作る、③結果的にイスへ座っている、という動きができればよい。腰が落ちていく位置にイスを置くことで、より鮮明に足にタメを作る動きが覚えられる。

POINT

練習のポイント

回数

5回程度×2セット

目的

タメる動きと感覚を明確にする

注意点

お尻から始動し、上半身を回さずに体重を前足へ移動させる

04

指先の動き

指先の動きで球速が上がる!?
ボールを切って力を伝える

指先の動きで球速が5～10㎞／h変わる

■球速の速いピッチャーの指先の動き

前腕に力が入っていないため、親指がボールから離れはじめる

人差し指と中指で弾くようにしてボールをリリース

■球速の遅いピッチャーの指先の動き

前腕に力が入っているため、指全体に力が入り、親指もボールを握っている

弾くのではなく、前に押し出すようにしてリリース

2本の指をしならせてボールを離す

140㎞／h以上を投げられるピッチャーの検証結果から、下半身以外に指先の動きにも違いがあることがわかった。それは「ボールを切る」動きである。投球フォームからどれだけ大きなパワーを生み出せたとしても、最終的にボールへ力を伝えるのは指先となる。そのため、この指先の使い方一つで球速が5～10㎞／hも変わってくるのだ。

ボールを切る、指先の使い方については、44ページのコントロールを高める動きの項でも触れているが、改めて説明しておくと、はじめは人差し指と中指、親指の3本指でボールを握る。そこから前腕に力を入れずに腕のしなりを使って投げると、途中で親指がボールから離れ、人差し指と中指の2本がしなりながら、ボールに触れている状態となる。最後は2本の指のしなりの反動を使ってボールを弾くように離す動きとなる。

このように指先を使うことでボールにしっかりと力を伝えられ、ボールには素直な回転がかかる。

反対にボールを切れない投げ方というのは、指先が固まった投げ方である。特に前腕に力が入ってしまった場合、最後まで親指がボールから離れず、人差し指と中指にしなりが生まれない。このような状態でボールをリリースすると、腕の振りがいくら速くてもボールに力が伝わらない。さらに指先でボールをロックしてしまう感じになり、ボールの回転がとても悪くなってしまう。

ボールを切る動きは、小さい頃にしか身につかない

このような指の使い方は、残念ながら大人になってからではあまり身につかない。そのため、子どもの頃にしっかりと感覚を養っていくことが重要だ。

練習方法としては、例えば仰向けに寝た状態で天井に向かってボールを投げるやり方が有名だろう。

私が最も効果を感じた練習方法は、お風呂の中に軟式ボールを入れ、ボールを指先でリリースする練習だ。この練習は水の抵抗があるため、指先でボールを押し返す動きや感覚がつかみやすい。また、しっかりと指でボールを弾けると回転がかかり、自分のほうへ戻ってくる。逆によい弾き方ができないと、ボールは自分のほうへ戻ってこない。視覚的にもできていることがわかりやすい上、この練習は体への負担も少ないため、ぜひ取り入れてもらいたい練習である。

左の図は、投球フォームのデータ解析をし、ピッチャーが投球時にボールをリリースする際、指にどのような力がかかっているかを解説した図である。

上の図を見ると、球速の速いピッチャーの場合、下向きのベクトルが大きいことが見て取れるだろう。リリースの段階で、人差し指と中指によって下向きの力、つまりボールをはじき出す動きが大きく働くことによって、ボールを投げる方向へ強い力が加わっているのだ。

一方、下は低速の投手の場合。速球投手に比べて、常に投げる方向へ弱い力が加わっているのがわかる。これは、指先のしなりがないことで、投げる方向へに力が加えられないことが原因である。

感覚やイメージには個人差があるが、いずれにしてもよい指先の使い方と球速が密に関係しているのは間違いない。

リリース付近のボールに与える指の力

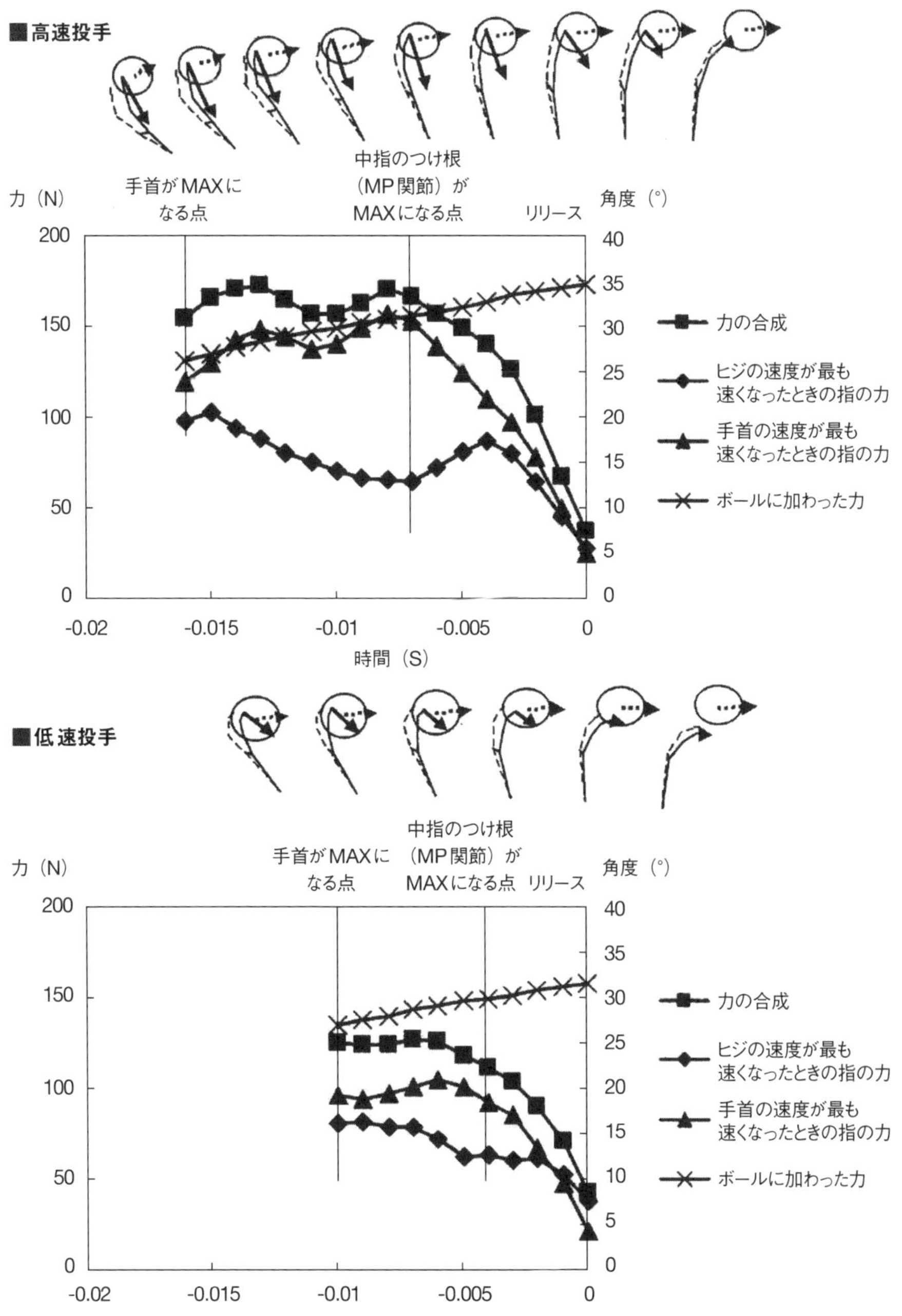

股関節を上手に使えばお尻が上がる!?
下半身から上半身へ力を伝える

股関節にためたエネルギーが上に流れる

以前150km／hのボールを投げられるピッチャーと投げられないピッチャーの下半身の動きを比較し、その結果は39ページでも紹介したが、投げられるピッチャーは股関節伸筋群の作用を使って投げていた（コッキング局面における田中将大投手およびA投手のストライド脚。左ページの図を参照のこと）。

簡単にいうと、股関節にためたエネルギーが上方向に流

力が上方向に働く下半身の使い方ができれば、お尻が上がる

■150キロ投手の下半身動作の特徴

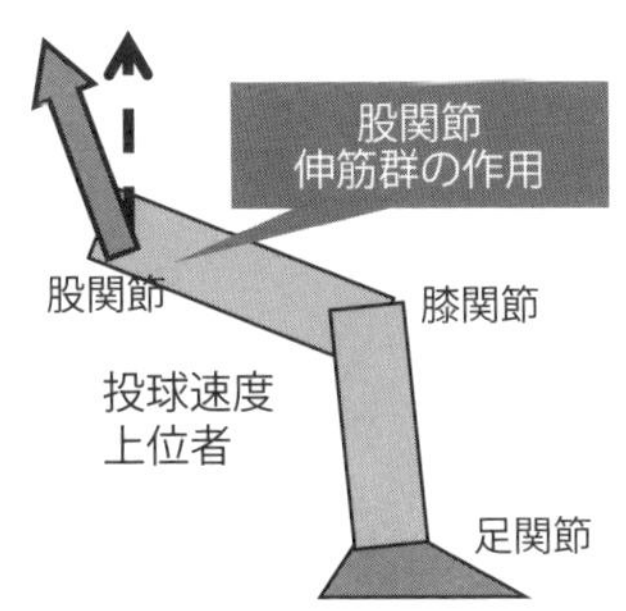

関節速度

力学的エネルギーの流れ

■150キロを投げられない投手の下半身動作の特徴

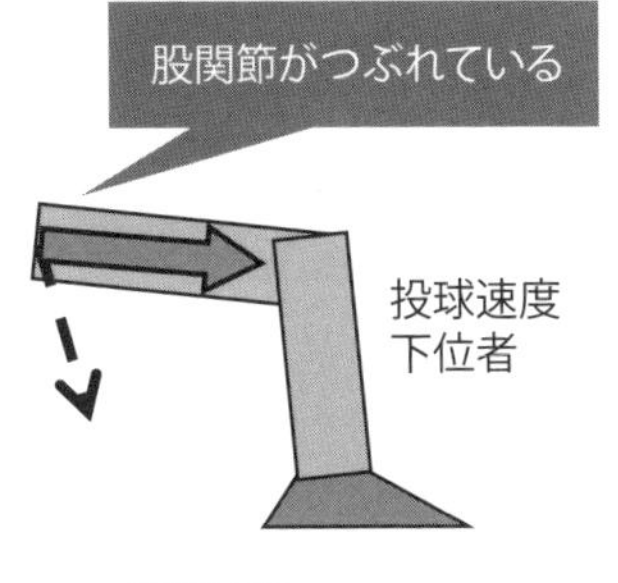

関節速度

力学的エネルギーの流れ

れ、その結果上半身に伝わって投げるということだ。

動作的には股関節で我慢をして体重を後ろ足に残し、この動作で下半身から上半身へ力を伝えてボールを投げることになる。このような下半身の使い方の結果、上方向に働く力によってお尻が上がるのである。それがはっきりと見てとれるのが、現アストロズのバーランダー投手の写真である。

お尻が上に上げられると、前足が後ろ側にずれるという現象が起こる。エンゼルスの大谷翔平選手はこの動きが顕著に現れる1人である。

ボールはピッチャーから見て前方向（バッター方向）へ投げるため、前方向への力の

出典：コッキング局面における上位者および下位者のストライド脚（島田2000）

後ろ足の抜き方で下半身の動きができているかわかる！

■股関節の使い方が上手なピッチャーの足の抜き方

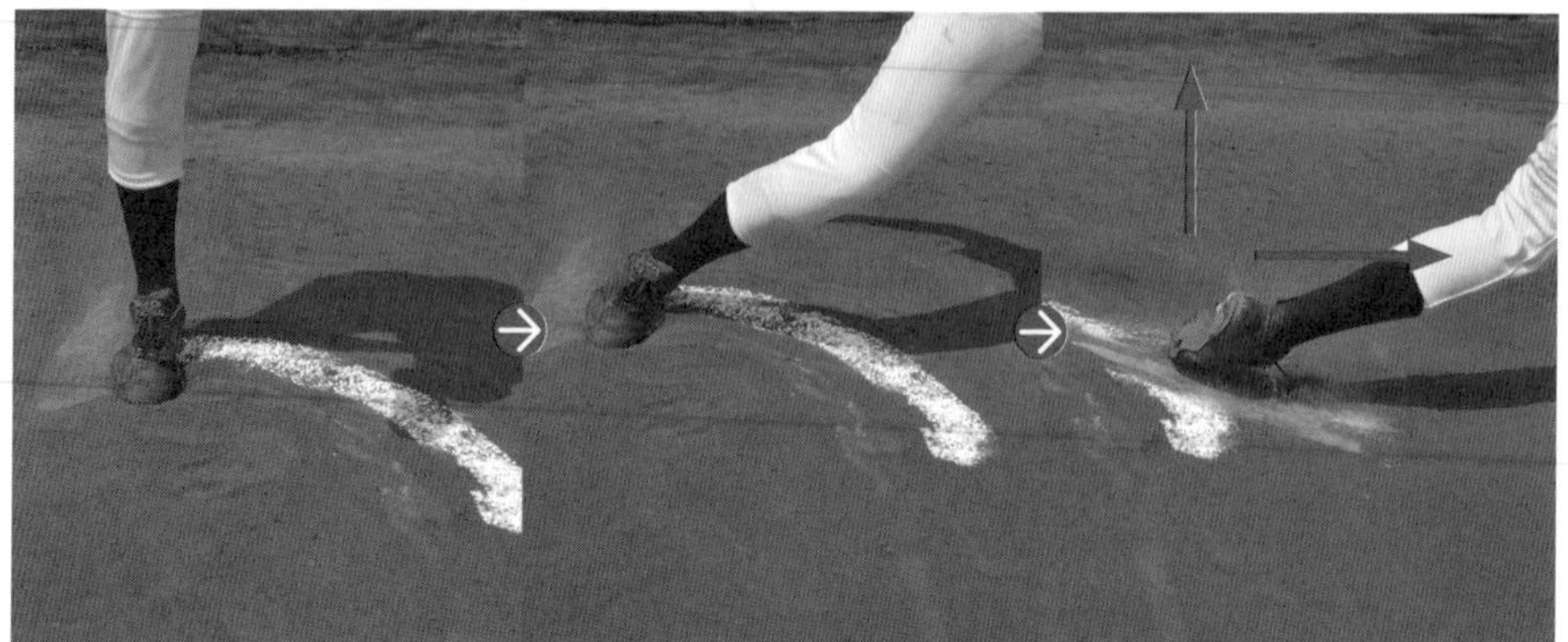

前方向と上方向に力が働いた結果、カーブを描く

■股関節がつぶれているピッチャーの足の抜き方

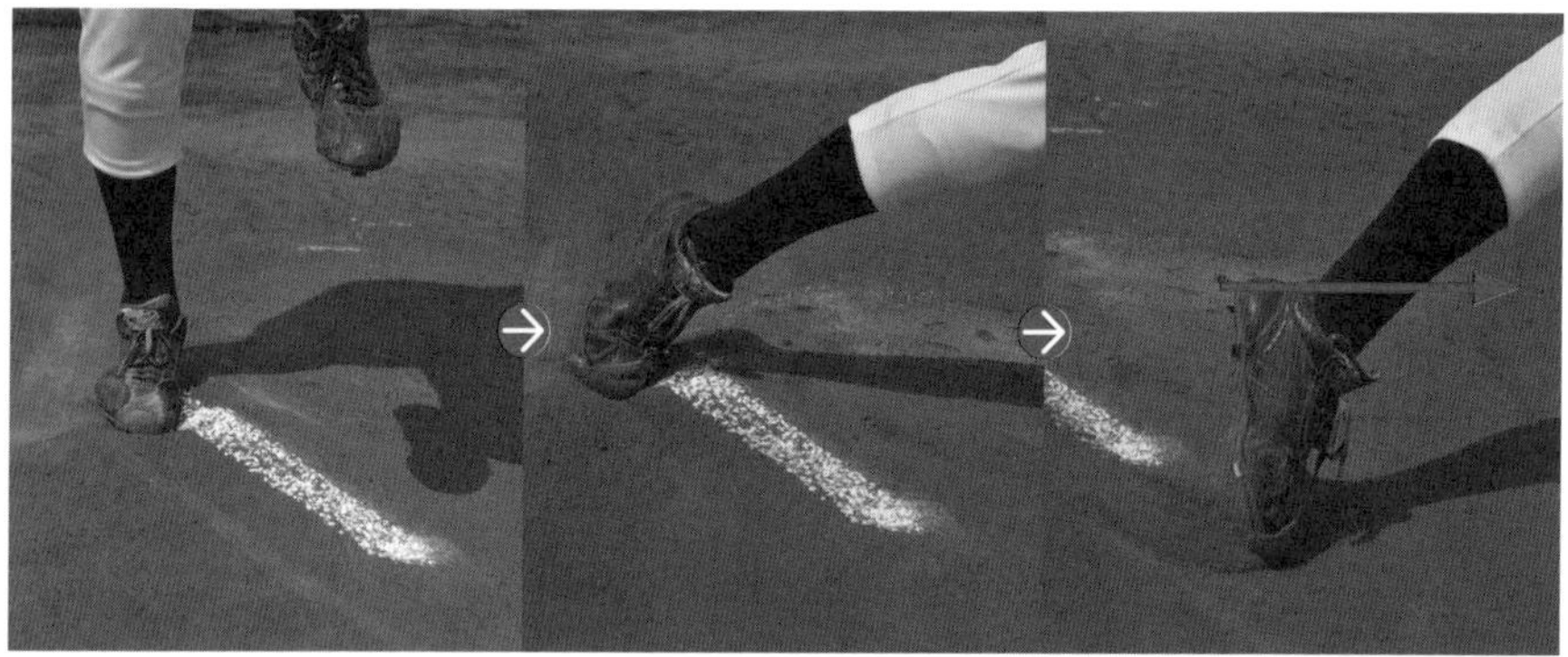

前方向にだけ力が働いた結果、直線になる

使い方が中心になると思いがちだが、実はそれだけではないのである。下半身から上半身へと上方向に力を伝えたり、指先を使って下方向に力を働かせた結果、より球速のある前方向へのボールとなって表れることになるのだ。

股関節の使い方で後ろ足を抜く方向が変わる

後ろ足を抜く方向を見ると、お尻が上に上がるような下肢筋群の使い方ができているかどうかがわかる。上の写真はよい下半身の動きができているかどうかを比較したものだ。

よい動きができている場合は、写真「股関節の使い方が上手なピッチャーの足の抜き方」の白線のように、カーブ

股関節にためたエネルギーを上半身に伝える。よいピッチャーの足はカーブを描くように抜けている

を描くような足の抜き方になるはずだ。

それに対してよい動きができていない場合は、下の写真の白線のように斜め前方へ一直線に動く。斜め前方に動くのは、体が前に突っ込みすぎた結果であり、その場合には股関節がつぶれている下半身の使い方（右ページの下の写真）をしていることとなる。

しかしカーブを描くような抜き方の場合には、体幹が前へ行く動きと、下肢伸筋群の作用で骨盤が上に向かう動きとが働いた結果といえる。

小中学生の指導で気をつけたいヒジを上げる動きとボールの握り

小学生時代のダメージには要注意

ここでは、ヒジの動きについてピックアップし、小学生、中学生のうちにヒジを痛めないための正しい動きについて解説しよう。

小学生の頃は、筋力や骨格的に未成熟な部分が多いため、高いパフォーマンスが出せない体つきである。そのため痛みが出たとしても、完治していなくても、がまんして投げることができる。ところが高校生になると筋力や骨格が発

ヒジを上げるためのチェックポイント

ボールが握れる手の大きさがあるか?

Yes

No

親指の位置が適正か?

ボールが握れる手の大きさになるまで待つ

Yes

No

体幹の筋力はあるか?

親指の位置を修正する

Yes

No

腕の筋力はあるか?

姿勢を維持する腹筋を30秒間できるようにする

Yes

No

フォームの問題としてとらえ、フォーム改善のドリルを行う

腕立て伏せを10回できるようにする

達し、発揮できるパフォーマンスが桁違いに高くなる。その高いパフォーマンスが要因となり、完治していなかった部位に深刻なダメージを与えることとなるのだ。

そういったダメージを負わないためにも、先に説明した「ヒジを上げる」動きが必要となる。

ヒジを上げられるかどうかの基準を持つ

まず、上のチャートが、ヒジを上げられるかどうかの目安となるチェックポイントである。この図に準じた指導であれば、ヒジに負担をかけさせてしまうことも減るだろう。

負担という意味では、日本では速いボールや遠くへ投げ

ボールを正しく握れないとヒジは上がりにくい

手首と前腕が緊張しているため、ヒジが上がりにくい

親指がボールの側面にくるため、前腕が緊張しやすくなる

られる子どもがいると、どんどん投げさせようという発想になる。ところがアメリカでは、リスクが高いとの認識から投球数を制限したりする。国内でもこのような基準や統一したリスクヘッジの方法を策定することが、とても重要であり、早急に必要だろう。

ボールの握り方は、注意すべき大きなポイント

ボールの握り方は、ヒジを上げる動きと密接な関係がある。ボールの正しい持ち方は人差し指と中指の中間かつ真下に親指がくる形だ。ちょうど3本の指で二等辺三角形ができるようになる。この正しい持ち方ができると、ボールをつまむようにして投げられるため、手首を自由に使うことができる。すると前腕もリラックスした状態となり、ヒジが上がりやすくなる。

ところが正しくボールを握れていない場合が、特に小学校低学年に多く見られる。この大きな理由は、ボールの大きさに対して手が小さすぎることだ。改善方法といっても、すぐには改善できない要因が大きいのだが、この段階では手が大きくなるのを待つか、もしくは小さなボールに替えるという対処をすることがあげられる。

ところで、なぜ握り方が悪いとヒジが上がらないのだろうか。その理由について、詳しく紹介しよう。

正しい握り方とヒジの上がる投げ方

手首がリラックスしているため前腕も力まず、ヒジを上げやすい

人差し指と中指、親指で
二等辺三角形ができる

正しく握れてから、ヒジを上げる

　ボールを正しく握れない子は、わしづかみで握っていることが多い。わしづかみで握ると親指の位置がボールの側面にきてしまい、前腕が緊張しやすくなる。そうなると手が背屈（関節がまっすぐに伸びる動き）しやすくなるのだ。するとヒジを上げようとした際に腕が緊張しているため、ヒジが上がり切らないうちに手首が返ってしまうことになる。結果として、ヒジが上がっていない投げ方になってしまうのだ。

　このような場合には、無理にヒジを上げさせてはいけない。確かにヒジが下がった状態でボールを投げると、ケガをするリスクが高まる。しかしそれは高いパフォーマンスが発揮できるようになった年代の話であり、大きなパフォーマンスが出せない小学校低学年の子どもたちには気にしなくてよいことである。

　さらに、無理やりヒジを上げさせてしまうことによって、不自然なヒジの上げ方となり、おかしな投球フォームが身についてしまう。それは当然、ケガのリスクを増やすことにつながる。

　指導者の方々は、子どもたちの将来の芽を摘まないためにも、握り方に着目して、ヒジを上げられるか、まだ早い段階なのかを判断していただきたい。

01

球速を上げるトレーニング

ピッチングの安定性を高める「ステップスロー」の反復

道具は使用しないが実際のピッチングと同じようにする。投げるほうの手は二の腕が地面と水平になるくらいまで上げる

Check
踏み出した足のつま先はボールを投げる方向に向ける

複雑な動きを正確に行う

実際のピッチングに近いかたちで行うトレーニング。ピッチングのステップを確認するもので、繰り返して行うことによって、そのために必要な筋力アップにもつながる。

ピッチングフォームを思い浮かべるとわかるように、実際のピッチングでは直立の状態から足を真横に踏み出すが、その踏み出した足は投球方向に向けることになる。これは身体の向きに対して90度違う向きであり、さらに腕や肩はピッチングに適した位置、向きであることが求められる。それらをしっかりと確認しながら、1回ずつをていねいに行おう。ピッチャーとしては当然だが、何回行っても、同じフォームでできなければならない。

POINT

練習のポイント

回数
20〜30回

目的
ステップを中心に、ピッチングの身体全体の使い方を身につける

注意点
ゆっくりでいいので、1回ずつ正しいフォームで行う

02 球速を上げるトレーニング

「軽めのバット振り」でヒジを上げる感覚を身につける

いつものピッチングフォームでバットを振り、持ったままフォロースルーまで行う。バットの重さと遠心力によって自然とヒジの位置が高くなる

遠心力を利用したアイデアトレーニング

左手にグラブをはめて行う、実戦的なピッチング練習。ただし、右手に持つのはボールではなくバット。楽しく取り組むことができる、アイデアトレーニングだ。目的は、ピッチングで求められる、利き腕のヒジを高く上げる感覚を身につけること。

やり方としては、一度バットの先端を下におろすが、そうするとバットの重さと遠心力の影響で、円を描くようにバットが回ってくる。結果として、自然と利き腕のヒジを上げる動きとなる。バットを短く持って行うほか、プラスチックバットなどの軽いバットで行ってもよい（棒状のものであれば種類を選ばない）。自身の筋力に合ったものを使おう。

POINT

練習のポイント

回数
10回

目的
バットを使って、利き腕のヒジを高く上げて投球する感覚を身につける

注意点
スムーズな動きで行いたい。利き腕を後ろに引いたときにはバットの先端が上を向いた状態となる

総合的に能力を高められる「タオルランジ」

タオルの端をそれぞれの手で持ち、セットポジションに構える。

前足を上げて投球モーションに入る

手と連動させながら、足を前に踏み出し、ヒザを曲げて重心を下げる

下半身と上半身のバランスにも注意する

このトレーニングの目的の一つは下半身を強化すること。さらに、ピッチングのポイントである、「身体を開かない」「利き腕のヒジを高く上げる」というフォームづくりにも役立つ。特に足を踏み出したときにヒジが上がらない選手には、効果的なトレーニングである。

「ランジ」というと、どうしても対象である下半身に注目しがちだが、下半身と上半身の動きのバランスにも注意を向けること。選手だけでなく、指導者もその点をしっかりと確認したい。

スムーズに連動できなければ、よいボールを投げることはできない。

POINT

練習のポイント

回数

10回

目的

下半身を強化しつつ、上半身の使い方を身につける

注意点

背すじは常にまっすぐに保つ。ピッチングをイメージしながら行う

「指のしなり」を利用して投げる 指先の感覚を養う

上の写真のように、ネットなどを利用すれば一人でできる。ヒジを高く上げ、ヒジを動かさずに投球にそなえて手首を返すと抵抗がかかる。その瞬間にボールを弾くようにリリース

ボールを弾くように リリースする

ピッチングという動作を分析すると、最終的に力を伝えるのは指である。もう少し詳しく見ると、多くの場合、ボールはまず親指を離れて、人差し指と中指からリリースされる。

指先の感覚や使い方はとても重要で、優れたピッチャーは抵抗により生まれた指のしなりを上手に利用してボールを弾くようにリリースする。

このトレーニングは、その感覚を養うためのもの。ボールを利き腕で持ち、ヒジを動かさずにボールを投げる。実際には手首の力も利用することになるが、感覚としては、指だけで行う。むしろ必要以上にスナップを利かせるのはNGで、それでは実際のピッチングには役立たない。

POINT

練習のポイント

回数
10～20回

目的
指のしなりを上手に利用してボールを投げる感覚を身につける

注意点
スナップは必要以上に利かせない。筋力よりもタイミングが重要

「エイミングホップ」でタメのときのバランス力を高める

グラブでは負荷がかかりすぎるため、左手に丸めたタオルを持つ。投球方向へと片足ジャンプ、後ろ足だけで着地する。連続して行う

Check
ジャンプの勢いは、ヒザではなく、股関節で吸収する

バランスが崩れると腕を振れなくなる

ピッチングでは前足を上げてから踏み込む際に力を生み出し、その力をボールに伝えるが、足を上げたときにバランスを崩してしまうピッチャーが多い。バランスを崩すと体勢を立て直すために上半身を使うことになり、ベストな状態で腕を振れなくなってしまう。

そのようなことになってしまわないように、ピッチャーには片足でバランスをキープする能力が求められる。

そこで取り組みたいのが、このトレーニング。実施時には、実際のピッチングで前足を上げたときと同じフォームであることを意識し、バランスが崩れないように気をつけよう。

POINT
練習のポイント

回数
5〜10m

目的
体の軸を崩さずバランスよく立てる位置や動きを覚える

注意点
勢いではなく、1回ずつきっちりと静止しながら行うことが重要

06 球速を上げるトレーニング

「フォロースルーホップ」でフォロースルーのバランス強化

右ページ同様左手に丸めたタオルを持ち、ボールを持たずにシャドーピッチング、投球方向へと前足で片足ジャンプ。前足で着地する。静止したら、再び前足でジャンプ、これを繰り返す

Check
立っている足の真上に沈み込む

上体の力を抜き内転筋を意識して行う

右ページの足を上げたときと同様に、ピッチングにおいてはフォロースルーでもバランスを崩さないことが重要。しっかりとバランスをキープできるようになると上体をリラックスさせることができる分、腕を速く振れるようになる（速いボールを投げられるようになる）。

このトレーニングのポイントは二つ。「①上半身の力は抜き、下半身主導で行う」「②着地したときに内転筋（太ももの内側の筋肉）を使う意識で行う」で、これはそのまま実際のピッチングにもあてはめることができる。慣れるまでは前に進むのではなく、その場でジャンプするかたちで行うとよい。

POINT
練習のポイント

回数
10〜20回

目的
上半身の力を抜き、最後までバランスよく立つ動きを覚える

注意点
上半身はリラックス。部位としては、主として太ももの内側の筋肉を使う

「ペアでのタオルスロー」でグラブ側の手の動きを習得

ピッチング動作の左足を踏み出した状態を想定したポジションからスタート。右腕と連動しながら、左手を身体のほうに引き寄せ、右腕を高く振り上げるところまで。左腕のワキはしっかり締める

Check

「右ヒジは高い位置」も確認しながら行おう

適切な負荷のため タオルを使う

特にグラブをしているほうの手（右ピッチャーなら左手）の適切な使い方を身につけるためのトレーニング。効果はそれだけではなく、同時に胸郭の回旋も促すことになるので、結果として上体全体の使い方を学ぶことができる。

理想的なピッチングフォームではグラブをしているほうの手を前に出すが、このとき、手のひらが外側を向くようにひねった状態で出す。そうすることによって身体の開きを抑えることができるからだ。これは効率よく身体を使うために欠かせない動きで、このトレーニングでは、その感覚をつかむためにタオルを使い、負荷をかけて行う。

POINT

練習のポイント

回数
20〜30回

目的
グラブ側の手の使い方を中心に、適切に身体を使う感覚を養う

注意点
左手の手のひらを外に向ける。タオルの負荷は選手がスムーズに動ける範囲内で調整する

「タオルシャドー」で正しいフォームの再現性を確認

6足分空ける

タオルの端を球のように結び、その球をボールのように握り、通常の投球のようにタオルを振る。正しいフォームであれば、タオルの先端がミットにあたる

パートナーのミットにタオルをあてる

右ページ同様にタオルを使って行うが、こちらはピッチングフォームを身につけるための、より総合的なもの。いわゆる「シャドーピッチング」である。

やり方は利き手にタオルを持ち、実際と同じピッチングフォームでタオルを振って、パートナーが構えたミットにタオルの先端をあてる。間違った身体の使い方だとミットにあてることができない。つまり、連続して行うことで、適切な動作の再現性の高さを確認することができるというわけだ。

広いスペースを要さず、身体への負荷が実際にボールを投げるトレーニングより小さいため、オフシーズンに取り入れるのもおすすめだ。

POINT 練習のポイント

回数
10〜20回

目的
適切なフォームを確認し、連続させることで、再現性を高める

注意点
慣れたら、実際の投球時をイメージして、目線はミットではなく18.44m先に向けて行う

09

球速を上げるトレーニング

「バー（棒）スロー」で背部の連動性を高める

塩ビ管などのバーを両手で持ち、大きく振りかぶる。実際のピッチングのように背中側のアーチを意識し、バーが地面に対して水平のまま飛んでいくよう、しならせた体が戻るように全身を使って投げる

Check

「まっすぐな方向に力を伝える」という意識が重要

バーが傾かないようにオーバースローで投げる

ピッチングでは筋力が生み出す力を適切な方向に発揮しないと、意味がないものになってしまう。ピッチングは複雑な動作であるがゆえに、力を誤った方向へと発揮しがちである。もちろん、ボールがまっすぐキャッチャーに向かうように力を発揮することが求められるわけで、その際に必要となる全身の「しなり」を作るのがこのトレーニングの目的だ。

やり方としては、しなる塩ビ管などのバー（棒）をサッカーのスローインのように、オーバースローで投げる。バーが傾いたり、回転しなければ、適切な方向に力を発揮できているということになる。

POINT

練習のポイント

回数

10〜20回

目的

自分の力を適切な方向に発揮する身体の使い方を覚える

注意点

バーは無理なく投げられるような筋力に合ったものを。パートナーと対面して交互に行うと効率がよい

10 球速を上げるトレーニング

「メディシンボールスロー」で全身の連動性を高める

Check

全身を使って投げることを意識する

大きめのメディシンボール（平均的な高校生の筋力なら2～3kg）を両手で持ち後ろにテイクバックする。頭の後ろでメディシンボールを構え、前へと投げる

筋力強化&連動性アップの優れたトレーニング

ピッチングという動作は、身体の各部位を回す回旋運動の組み合わせである。

例えば、肩を軸として腕をグルグルと回すだけなら、シンプルで難しくはないが、それを腰を回しながら行うと難易度は高くなる。実際のピッチングでは、これに重心移動などが加わるので、さらに複雑だ。

このトレーニングでは、全身のしなりで作り出した力を上半身、そしてボールへ伝える動きを身につけることが目的になる。

またピッチングに必要な筋力の強化もできる。

身体ができた高校生以上はメディシンボールを、中学生以下はサッカーボールを使用する。

POINT

練習のポイント

回数
5～10回

目的
身体の各部を連動させて、投げるボールに力を加える能力を高める

注意点
高校生以上の年代が対象。小～中学生はサッカーボールがおすすめ

「股割りスロー」でスムーズな重心移動を身につける

通常の投球のステップくらいに足を開き、一度体重を前にかけたあと、通常の投球動作に入りボールを投げる

NG!
足の位置は動かさない。バランスを崩さないように要注意

全身をスムーズに連動させる体重移動をつかむ

重心移動はピッチングの大きな要素。ピッチャーには、後ろ足から前足へと、スムーズに重心移動できる能力が求められる。

足を開いた状態でステップを踏まずに行う、この投球練習はスムーズな重心移動を磨くためのもの。ポピュラーなトレーニングなので取り入れているチームも多いが、正確に行っていないため、効果が半減してしまっていることも少なくないようだ。

コツとしては、一度、前足に体重をかけてから行ったほうが適切な重心移動の感覚をつかみやすい。また、ヒザが外（投球方向）に流れてしまうのは、よくあるNGで、この点もしっかりチェックしたい。

POINT
練習のポイント

回数
5～10回

目的
後ろ足から前足へとスムーズに重心移動する能力を高める

注意点
「強いボールを投げる」よりも「正しい動作で投げる」ことを意識

PART3

コントロールを高める

01

アベレージが重要

球速はアベレージが重要
基礎体力をつけ、ケガのリスクを減らす

一気に球速が上がるケースではケガのリスクが高い

ピッチング練習の基本的な目的は、ボールのキレ（バッターの手元で伸びるボール）とコントロールを磨くということになる。

ここであえて球速と言わないのは理由がある。その理由の一つに、球速を上げることによってケガのリスクが高くなることが挙げられる。

例えば練習中にコンディションがよく、体の使い方がいい状態になると、10㎞／hくらい球速が上がる場合がある。しかし、このようなケースでは、おおよそ2週間以内にケガをする確率が非常に高いのである。

地道な基礎体力や専門体力をつけていきながら球速を上げるのが理想だ

これにも理由はいくつかあるが、まず、より速いボールを投げることに体が追いついていないこと。さらには球速が上がったことによってピッチングが楽しくなってしまい、いつも以上に投げてしまうことだ。

あくまで理想をいえば、徐々に2、3キロずつ球速が上がるほうがいい。これであれば体に無理な負荷がかかりにくく、ケガのリスクも少ないからだ。

しかし、実際には一気に球速が上がることのほうが多いだろう。そのため指導者は、選手の球速が一気に上がった直後ほど、投球練習にブレーキをかける役目をしなければならない。

マックススピードよりもアベレージを重視

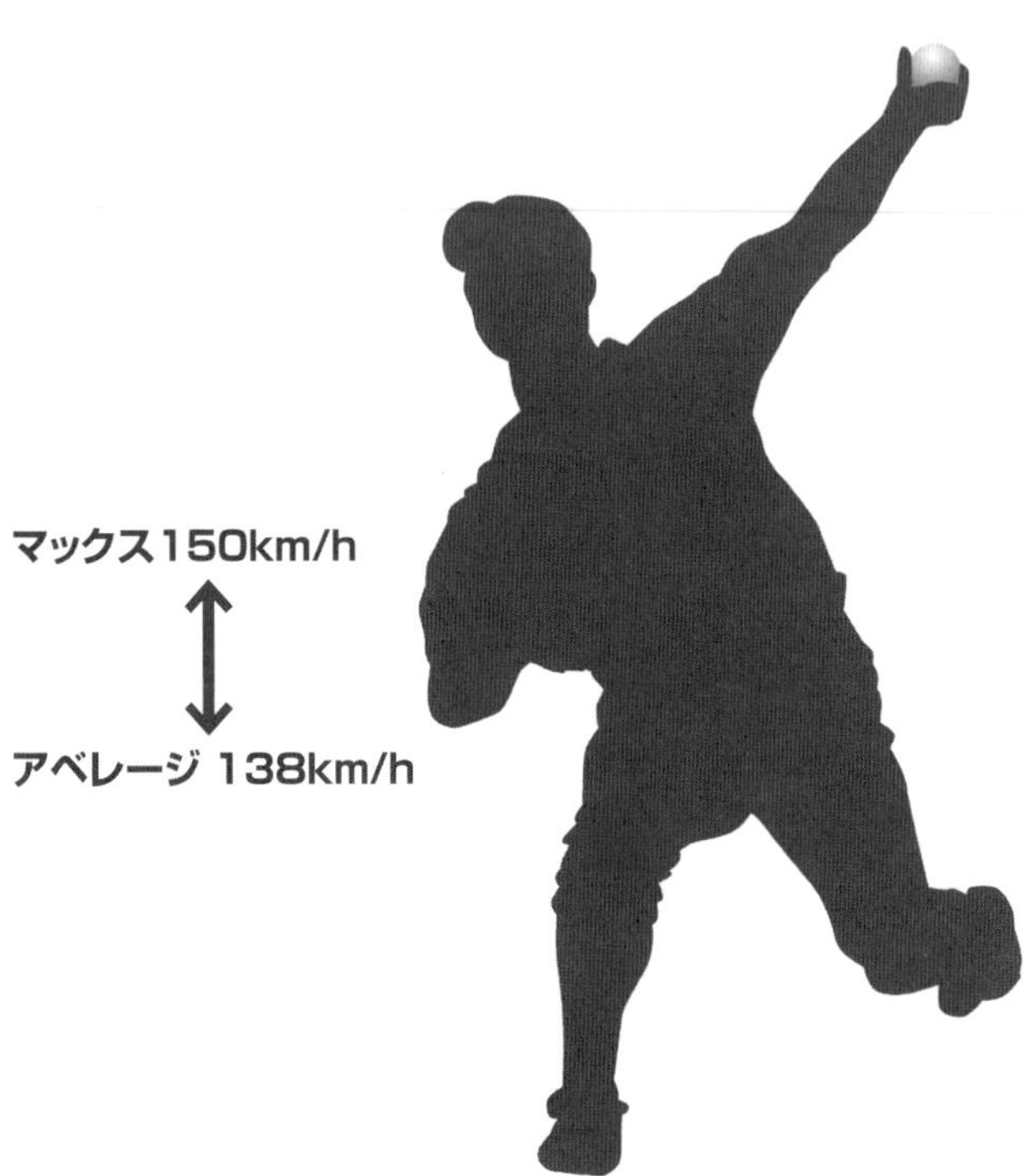

体の使い方やコンディション、基礎体力や専門体力が安定していない

しっかり土台を作って球速のアベレージを上げる

よく球速の話をするときに「マックス145㎞／h」など、マックススピードに着目することが多い。

しかし、試合で通用する投球という点で考えると、マックスよりもアベレージが重要になる。

今の筑波大学野球部のエースの球速はマックス146kmから147㎞／hと、高校時代と比べて2、3㎞／hしか変わらない。しかし高校時代は球速の変動が激しかったのに対し、今はアベレージで140㎞／hを切ることはほぼなくなっている。

もちろんマックススピード

目指すピッチャー像

そのためには地道な土台作り（基礎体力や専門体力）が必要になる

※体の使い方や体力がないのにも関わらず全力で投げ続けるとケガのリスクが高まる

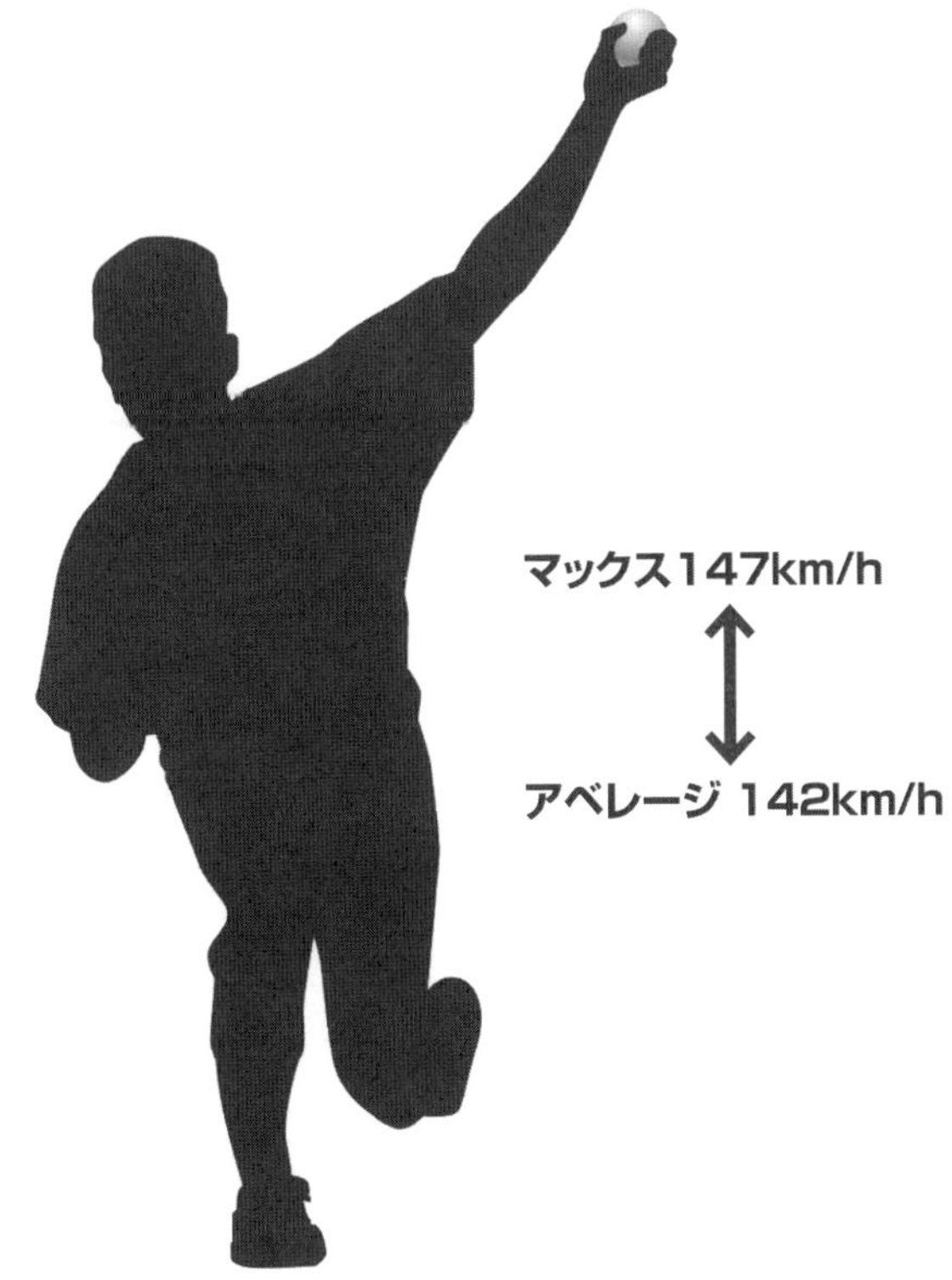

体の使い方やコンディション、基礎体力や専門体力が安定している

が上がればアベレージも同時に上がってくる、という考え方もある。しかし、できれば地道な基礎体力や専門体力をつけていきながら、結果としてアベレージもマックスも球速が上がったという練習を目指してもらいたい。

このような考えを前提としているため、本書で紹介する練習は、ピッチャーのトレーニングの類書と比べて地道な内容が多いと感じるかもしれない。しかし、着実にケガのリスクを減らしながら投手を育成するためには、必要なことだということをご理解いただきたい。

02

コントロールのよいフォーム

分解写真から読み解く コントロール精度の高いフォーム

いいフォームの3つのポイント

最も制球力が高いピッチャーの一人であった岩隈久志投手のマリナーズ時代の連続写真を見ながら、理想的なフォームのポイントを紹介していこう。この解説は、110ページからの写真を参照しながら確認してほしい。

まず、いいフォームの大前提として「全身のパワーをロスすることなく、ボールへ伝えられる動き」であることが挙げられる。そのうえで①球速が速い（マックスよりもアベレージ速度が速い）、②コントロール精度が高い、③バッターにとってタイミングが合いにくいという3つの要素の質が求められる。

最初に、①球速が速いことについては「腕のしなり」「骨盤と股関節」「指先」がポイントになる。連続写真の**5**では、岩隈投手の右脚の股関節が捻られ（内旋）ながらタメができており、お尻から始動をするステップとなっている（骨盤と股関節）。

そして写真の**7**から**8**を見ると、体の力みがまったくないままリリースができていることがわかる。力みがないために頭の位置と下半身の安定が生まれ、腕をしっかりと振れている（腕のしなり）。さらに、指先でしっかりとボールに力を伝えることができてい

非常にスムーズな体重移動の初動になっている

グラブを突き出して狙いを定める動きで、制球力を高めている

るため、スピードのあるボールが投げられるのだ。

コントロールとタイミングの要素

さらに、②コントロール精度を高めるためのポイントとしては「指先」「視線」「足場」があげられる。

この動きは、写真の**6**から**8**によく現れている。先ほども紹介した下半身のタメや頭のブレの少なさが視線や足場の安定感を作り出し、最後に指先でボールに力を伝えるため、長い時間狙ったところ（コース）に向かって力を発揮できているのである。

とくに岩隈投手のフォームで特徴的なのが、**6**の左手の動きだ。グラブがバッター方向を向いて、狙いを定めているため、右肩が入りにくく、より制球力が増しているのだ。

最後に、③タイミングの合いにくさについて。これは「投球リズム」「出所の見えにくさ」「ボールのキレ」が関係する。

これらは、写真では解説が難しい部分だ。投球リズムについては、緩急をつけたりしてバッターのタイミングを外すことになる。また出所の見えにくさとしては、できるだけバッターからボールが見えないような投球フォームにすること。そして、ボールのキレを与えることで、バッターの予想以上に変化をしたり、直球が落下しないのだ。

岩隈久志投手のピッチング

無駄な力が一切入っていない状態から投球モーションに入れるのが大きな特徴

力みがなく一本足で立てている。これだけで体幹の強さがうかがえる

頭の位置が安定しており、しっかりと指先でボールに力を伝えている。これが制球力の高さの大きな要因となる

右足を上げることで、しっかりと体重を左足へ乗せられる

03
視線を外す

視線を外すと力みが消える？視線を意識した練習で多くの効果が

ピッチャーの投球時の視線

視線に関する二つの考え方

ときどきピッチャーの視線について、「投げ終わるまでキャッチャーを見ていたほうがよいのか、否か」という議論になることがある。そこで出た納得のできる一つの意見が、「キャッチャーを注視すると力むため、一度視線を外したほうが余計な力が入らない」というものだ。

その点に注意してプロの試合を見ると、いったん視線を外し、ゆったりとリラックスして投げているピッチャーが意外と多いことに気づく。また、前足を上げた時に視線を外す傾向が強い。コントロールがよいといわれるピッチャ

目線を意識した練習

リリース後は、右目を中心にして見る

リリース前は、左目を中心にしてキャッチャー方向を見る

ーには、一度視線をバッターやキャッチャーから外し、再度キャッチャーを見ている選手も多い。たしかに一ヵ所を凝視すると力みが生じ、それによって体の動きを制限してしまう可能性がある。これが制球に与える影響は、決して少なくないだろう。

しかし一方で、一度視線を外すことでコントロールを乱してしまうというピッチャーも存在する。これは特に、視線を外すタイミングが1球ごとに変わるピッチャーに多いようだ。確かにコントロールをつける基本は、目で見て狙ったところにボールを投げることにある。そう考えると視線を外すことで目標を見失いやすく、それがコントロール難につながる可能性もあるだろう。最終的には一人ひとりの感覚の問題になってくるため、どちらがよいのかは個々の判断に委ねるしかないと思う。

練習時も視線の指摘が有効

話は変わるが、私が行っている指導で、多くの選手が能力が一気に変わる可能性が高いポイントがある。それは、選手の見方を変えさせることだ。

例えばピッチャーに対しては、リリース前は前の目（バッター寄りの目）で見て、リリース後には後ろの目で見ろという指導をするのだ。これは後ろの目で見ようと意識す

キャッチャーが注意したい動き

■ミットの位置を動かす

特に投球時に視線を動かさないピッチャーにとっては、的がブレることになる。その結果、制球を乱すケースもある

■低めのボールを要求するゼスチャー

ピッチャーに一点を凝視させたり、余計なことを考えさせるケースが多く、結果として制球を乱すことにつながりやすい

ると、体を回す必要があるため、体を回す動きを覚えるにはよい練習となる。また見る目を変えるタイミングを遅めにすることで、下半身のタメの動きを覚えられるという利点もある。

ピッチング時の視線に着目した指導を行うことで、細かい部位や動きを教える以上の効果が出てくる場合も多い。

ピッチャーを助けるため、キャッチャーがやるべきこと

上の右側の写真を見てもらいたい。テレビの中継などでも見かける、キャッチャーがピッチャーに対して「低め、低め」と送るゼスチャーだ。

さて、このゼスチャーをした際、実際にはどれだけ低めのボールが投げられているのだろうか。

このことについて、大学院の研究で実験を行ったことがある。その結果は、ワンバウンドや高く浮いたボールが多くなってしまい、芳しい結果ではなかった。

元メジャーリーガーの吉井理人氏は、「余計に低めを意識してしまうため、あの動作はやってほしくなかった」と言っていた。このゼスチャーには強制的にピッチャーの視線を一点に集中させる効果が高く、ピッチャーが必要以上に意識させられた結果、コントロールを乱すことにつながるのだろう。

制球力をアップするためには「腕の振り」を安定させる

コントロールの安定＝リリースポイントの安定＝腕の振りの安定

ピッチャーの制球力のよさは、ボールを手放す位置、リリースポイントが安定していること、とよくいわれる。腕を振る軌道を安定させ、同じ位置でボールを放せば、おのずと同じコースにボールを投げることができる。

では実際に、リリースポイントはどの程度安定させることができるのだろうか。

そこで、我々はコントロールがよいとされるピッチャー

キャッチャーから見たコントロールがよい投手の投球分布図

右ピッチャーが右バッターへ投げた場合の投球分布。ストライクゾーンに安定して投げられていることがわかるが、基本的にはピッチャーの腕の振り（キャッチャーから見て左上から右下にかけてのグレーの部分）と同じ位置に投げ込まれていることがわかる。

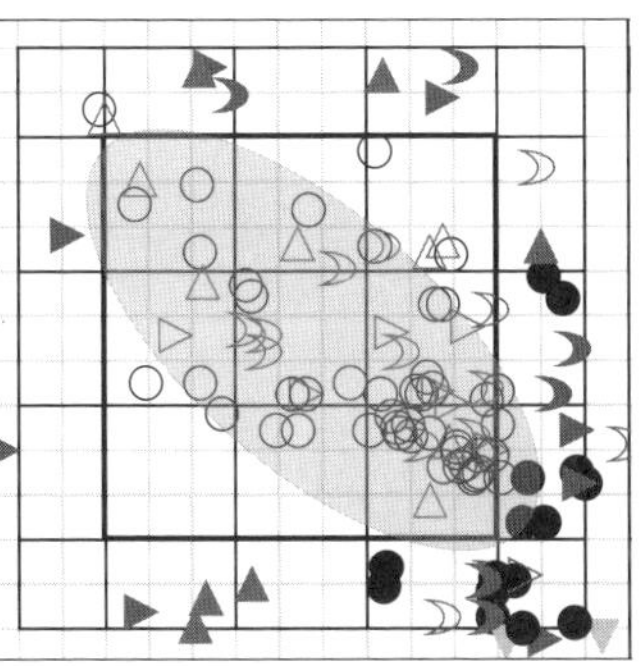

記号は球種を表す

○ ストレート

△ カーブ

☽ スライダー

塗っている記号との違い

○ ストライクのストレート

● ボールのストレート

の配球、リリースポイントなどを研究した。

上の図を見ていただこう。これは制球のいい右のオーバースロー投手が、右バッターに投げる投球を、キャッチャーの視点から見た配球図である。

右のオーバースローの場合、キャッチャーから見ると左上から右下に腕を振り下ろす腕の動きをする。そして投球は、左上から右下への分布が多いことがわかるだろう。

これまでの研究の結果、どんな投手でも、ストライクを投げる能力は投げる角度からいって2度以内、キャッチャーが構えたコースに投げる能力は投げる角度から1度以内が限界だとされる。つまり、ボールが投げられる位置は、

コントロールの悪い投手はボールがばらける

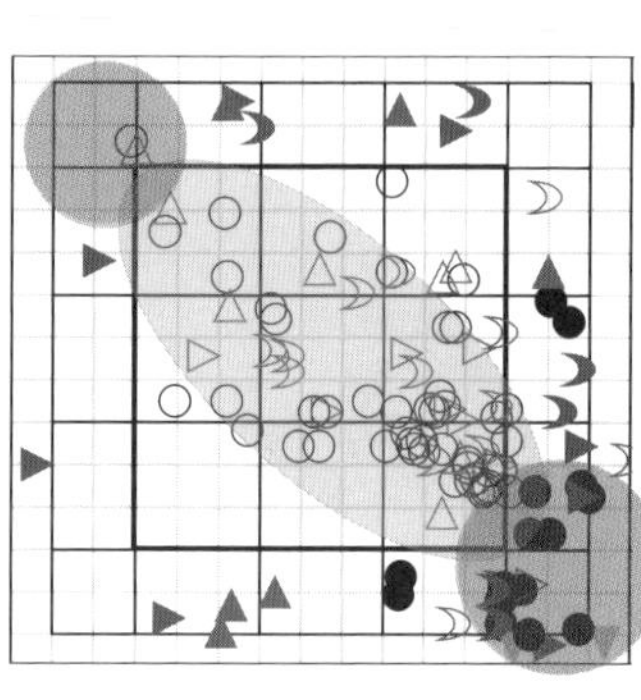

前ページと同じく右ピッチャーが右バッターへ投げた場合の投球分布。リリースポイントが早いと左上の●に、遅いと右下の●にボールが行ってしまう

腕の振りの方向に依存しているということになる。

さらには、コントロールがよいとされているピッチャーのリリースポイントも、打者から見た際に左右方向に20〜30㎝、前後の方向に40〜50㎝のズレがあることがわかっている。

こうした、腕の動きでは律しきれない投球の方向のズレを修正するのが、下半身を中心とした腕以外の動きである。ステップ足を上げる際に上半身を安定させ、同じ位置にステップ足を踏み込む、という投球の一連の動作を毎回同じように再現させることで、腕の振りを安定させ、ある程度同じ位置でボールがリリースできるわけだ。

腕の振りを安定させるための練習方法とは

下半身の重要性は他のページでも触れているので、ここではもう少し、腕の振りについて解説しよう。

上の図を見てもらいたい。制球は腕の振りの方向に依存されるので、コントロールがよいとされるピッチャーは、左上から右下にかけて、だ円形のグレーで示したストライクゾーンに安定して投げることができる。これが制球力のないピッチャーだと、図の左上や右下の円形のグレーゾーンに行くことが多くなる。前者はリリース位置が早く、後者は遅いということだ。

制球力を調整するためには、

腕の振りを安定させる練習法

■両足をつけたままキャッチボール

両足を地面につけた状態で、7〜8m離れた位置からキャッチャーの構えたところを狙って投げる。必ず腕を上げてから投げること

■片ヒザをついてキャッチボール

ステップ足側のヒザを立て、軸足のヒザを地面につける。グラブ側の手で投球する位置を狙い、腕を上げてから投げること。また、腕は前ヒザの外側を通す

投球時にステップ足を踏み込んだ際、ヒジを肩の高さまで上げておくこと。そうすることで、腕を上から振ることができる。しっかりと上から腕を振ることができないと、リリース位置が安定しない場合が多い。

　この腕の振りを身につける練習として、両足をついて投球する方法がある。

　7〜8m離れた位置から、キャッチャーが構えた位置を狙って投げる。この練習のポイントは、腕を上げてから投球すること。そうすることで、前述した腕の振りを確認することができる。1球投げた後に、ユニフォームのシワができれば、しっかり腕が振れていることになる。さらに、力を入れず、徐々に胸郭をひねって投げていくと、よいだろう。30球投げるうち、15〜20球狙い通りに投げられることを目標に練習しよう。

　もうひとつ、軸足側の片ヒザをついてのキャッチボールもおすすめしたい。

　ステップ足側のヒザを立て、両足をついて投げたときと同様に腕を上げ、グラブ側の手で投球する位置を狙って投げよう。また、必ず腕は前ヒザの外側を通すことで、しっかり上から下へ腕を振ることができる。この際、体幹が前に突っ込まないように注意すること。こちらも30球のうち、15〜20球狙い通りに投げることを目標にしたい。

05
ボールの出所を隠す

ボールの出所を隠す バッターに「予測」をさせないフォーム

どの技術をいつ習得したのかのアンケート効果

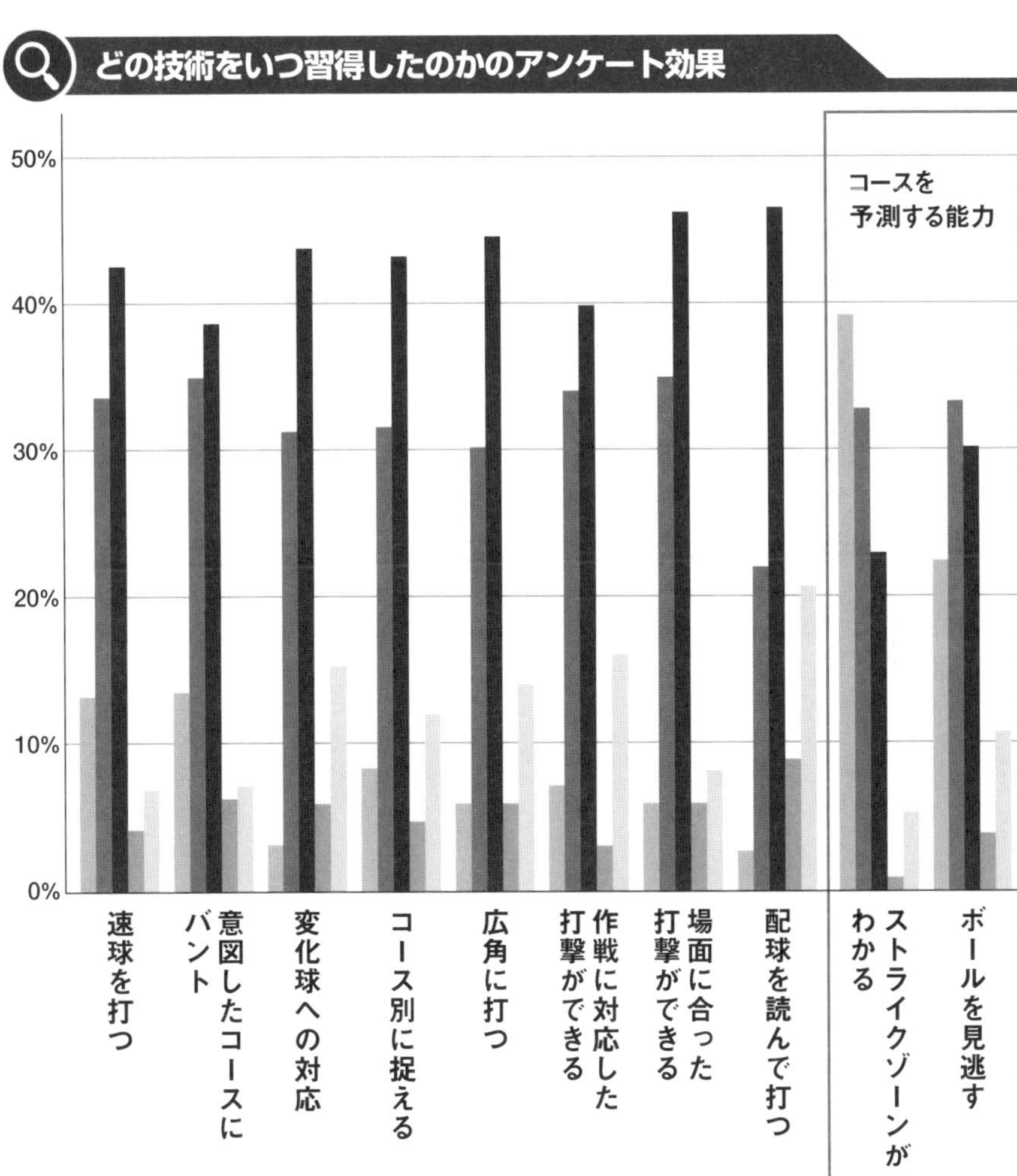

コースや球種を読ませないために

先ほどから、「タイミングを外す投球術」の要素のひとつとして「ピッチングフォーム」について触れている。その中で、大きなモーションとクイックのように動作の量を変えたりするだけでなく、ボールの出所を見えにくくすることが重要だ、ということに触れた。

では、バッターのタイミングを外すうえで、ボールの出所がどうして非常に重要な要素となるのか。それは、ボールの出所が見えづらいほど、コースや球種が読めないからである。

例えば、150㎞／hで投

腕を振る段階になってボールが見えると、バッターがコースや球種を判断する時間がより少なくなる

ボールの出所を見えにくくし、投球リズムを変えることで、タイミングを崩せる可能性が高い

げたボールがキャッチャーミットに収まるまでの時間は、わずか0・4秒強である。そのためボールの出所が見づらいほど打者は対応できなくなる。そう考えると「ボールの出所が見えたところで関係ないのでは？」と思う人もいるかもしれない。しかしバッターは、コースや球種を「予測」して打席に入っている。

バッターは「予測」してボックスに立っている

121ページに掲載したグラフは、大学生の野球選手300人以上に対して、どの時期にどういった技術を身につけたのかを尋ねたアンケートの結果である。

その結果を見ると、40％を

ボールの出所の見えやすさ

■×ボールの出所が見えやすい

投球モーションに入った時点では、それほどの違いはない

右側は頭でボールの出所が隠れているのに対して、左側はすでに出所がハッキリと見えている

■◎ボールの出所が見えにくい

超える選手たちが、高校生の段階で「配球を読んで打つ」技術や「変化球への対応」を習得していることがわかる。ということは、ピッチャーの握りが早く見えれば見えるほど「予測どおりであれば打つ」「予測と違えば見逃す」といった判断をする時間を与えてしまうことにつながるのだ。

ボールの出所に関してはフォームと密接に関連している。とはいえ、極端に出所を隠すようなフォームにしてしまうと、ヒジへの負担も懸念される。肩甲骨周りの柔軟性を高めるトレーニングと並行しながら、ケガのないように身につけていってもらいたい。

「パラボリックスロー」で制球力アップ

投げ入れること自体が目的ではなく、
狙って投げようとすること自体が効果をもたらす

紙くずをゴミ箱へ投げる要領で練習する

肩やヒジに負担をかけず、コントロールをつける練習はないかと考えていたとき、ひとつの練習法がひらめいた。ゴミ箱に紙くずを投げるような感覚で、約10m離れた距離からゴミ箱（高さ150cm直径43cm）に投げる練習だ。要領としてはバスケットボールのフリースローに近い。

フリースローの上手な選手は「奥行きを把握する深視力感覚が優れている」という研

ヒジを上げるためのチェックポイント

視線や体の向き、つま先の向きや意識を的へ向ける。投球動作に入り、放物線を描くように山なりのボールを投げる。

10m程度離れた場所に的を設置する

究結果がある。そこで「ピッチャーも同じではないか」と考え、肩やヒジに負担をかけずパフォーマンスを上げる方法として「パラボリック（山なり）スロー」を開発した。

これはまだ研究を始めて間もない段階だが、10m離れたゴミ箱へ放物線を描くように投げる練習を繰り返した結果、ピッチャーのコントロールは明らかに向上した。実際のところ、ゴミ箱に入るか入らないかは問題ではなく、その練習を重ねること自体に意味があることも結果として表れてきた。

また即時的な効果もあり、的に当てる制球テストをしてみると4点ほどの向上（25％増）が見られた。これは我々研究者にとっては非常に大きな数値だ。現在も学生が研究を続け、「パラボリックスローを継続的に練習したらコントロールはどう変化するか」を追いかけている。今のところ、間違いなく効果があるようだ。

野球界では以前から、「スローボールを投げることは制球力を上げるための練習になる」と言われていた。パラボリックスローの研究は、その通説に根拠を示したといえるだろう。

POINT

練習のポイント

回数

30球×1セット

目的

的に向かってボールを投げることで制球力を向上させる

注意点

適度な放物線を描くように投げる

「低い姿勢でのスロー」で体重移動を大きく使う

一度前足側に体重を乗せてから、後ろ足へ体重を乗せ、投球動作に。前足に体重を移しながら腕を振る

低めへのコントロールが身につく

低い姿勢でボールを投げることで、大きくスムーズな体重移動が覚えられ、その結果、低めのコントロール力も上がってくる。

人間は、高い姿勢を取っていると体重移動がしやすく、低い姿勢では体重の移動が難しい。そのため、意図的に体重移動をしにくい状況で練習することで、確実な体重移動が覚えられる。

また大きな体重移動をする分、ボールを持つ時間が長くなり、狙ったところへ投げられる確率も上がる。さらには、低い姿勢で投げることで、低めへのコントロールも増すのだ。非常に効果の高い練習方法である。

POINT

練習のポイント

回数

10球程度×2～3セット

目的

特に低めに投げるために必要な体重移動を覚える

注意点

できる限り大きく前後に体重を移動させる

「キャッチャーとのキャッチボール」でゆっくりと狙いを定めて投げる

ゆっくりとしたスローイングを繰り返す

ピッチング練習は「キャッチャーに全力で投げるのが当たり前」だと思っている人が多い。しかしピッチングの基本を身につけるには、キャッチャーを座らせ、ゆっくりとした投球（スローイング）を繰り返すほうが効果的だ。

全力投球を繰り返すと、目先のスピードやコントロールなど、一球一球の結果に目を奪われ、フォームの習得がおろそかになる。また間違ったフォームで全力投球を重ねれば、ヒジや肩、腰などフォームに欠点のある場所に負担がかかり、故障の原因にもなる。まずは「スピードを落とした遅いボールを、きちんとしたフォームで投げること」を最初の基本練習にしよう。

POINT 練習のポイント

回数
10球程度×2～3セット

目的
狙ったところへゆっくりと投げることで、制球力が高められる

注意点
できるだけゆっくりとした動作で、遅いボールを投げる

高い台に前足を乗せて投げるとリリースポイントが安定

台に足をかけ、前足に体重を移して投げる

体が前に
突っ込まない
感覚もつかめる

球持ちが長くなることでコントロールが定まる

コントロールをつけるピッチング練習の応用として、高い台に前足を乗せてピッチングをする練習がある。前ページで紹介した練習メニューと同じように、体重移動がポイントだ。前足を高い台に乗せた状態で投げるのは、なかなか難しい。体重を前足にしっかり乗せ、体の前でボールをリリースするトレーニングになる。

またこの練習は、ボールを長く持つ状態を作り出し、リリースポイントを安定させられる効果がある。そのためコントロールが向上する。さらには球離れが早かったり、ボールが抜けてしまうといったクセを修正できる練習でもある。

POINT

練習のポイント

回数

10 球程度×2～3セット

目的

ボールを長く持つ状態を作り、リリースポイントを安定させる

注意点

前足に体重をかけ、体の前でボールを放す

05 制球力を上げるトレーニング

「後ろ足をイスに乗せたスロー」で前足の使い方を身につける

通常のピッチングと同じ意識で投げ、しっかりと腕を振りきる。正しいフォームでないと腕を振りきれない

腰はコンパクトに回転させしっかりと腕を振る

「チェアスロー」や「チェアドリル」と呼ばれて広く浸透しているトレーニングで、それだけ効果が高いといえる。

やり方は後ろ足（右ピッチャーであれば右足）をイスに乗せて投球練習を行う。こうすることで、常に重心が前足にかかっていることになり、投球時の適切な前足の使い方を身につけることができる。コンパクトに腰を回転させないと、しっかりと腕を振りきることができず、そこがチェックポイントの一つとなる。

また、前足も注意が必要で、前足のヒザが開いてしまうのは身体を上手に使えてない証拠である。

POINT

練習のポイント

回数
10〜20回

目的
理想的なフォームに求められる前足の上手な使い方を覚える

注意点
前足のヒザが開かないように投げる

コントロールを高める「片ヒザスロー」

片ヒザを地面につき、対面で行う投球練習。効果が高いトレーニングなので、ぜひ普段の練習に取り入れてほしい

Check
投げ終わりの利き腕の位置は、立てたヒザの横

しっかりと腕を振り頭はできるだけ動かさない

地面に片ヒザをついて行う投球練習。つくのは右ピッチャーなら右ヒザ、左ピッチャーなら左ヒザ。この姿勢で投げることによってフォロースルーの利き腕の動きが制限され、一定の位置でリリースすることにつながる。それは結果的に制球力のアップにつながる。また、上半身の動きに集中できるので「グラブ側の手は相手を狙う」「利き腕のヒジを高く上げる」などのピッチングの基本を重点的に確認することができる。

ポイントは二つ。一つはしっかりと利き腕を振ること。もう一つはできるだけ頭を動かさないことで、それを意識することによって、腰の回転で投球できるようになる。

POINT
練習のポイント

回数
10～20回

目的
対面で行う投球で制球力を高める

注意点
身体の軸がブレると、腰の回転を十分に生かせない。できるだけ頭を動かさない

PART4

現状の分析とレベルアップ

現状の分析とレベルアップ①
軸足の安定はすべてに影響する

部分だけでなく全体を見る

このパートでは投球フォームの分析の仕方とレベルアップのための改善方法を紹介する。

投球フォームを分析する場合に、注目するのは「脚の上げ方」や「腕のしなり」などの部分になることが多い。しかし改善を考える場合には、部分の動きが全体にどのような影響を及ぼしているかに着目し、部分を修正した後のピッチングを想像することが大切である。なぜかというと、1つの部分を変えたことが全体に影響し、それまでよかった部位の動きを崩してしまったり、感覚的な違いを生み出してしまう可能性が出てくるからである。

全体に影響する脚を上げたときの安定感

先ほど述べたように、部分の修正の前に全体に影響するポイントを見てもらいたい。そのポイントが「足を上げたときの安定感」と「全体的なリズム」の2つである。

まずは「足を上げたときの安

部分ではなく全体から見る

腕やヒジ、腰やつま先の向きなどの部分的な修正が、全体に悪影響を及ぼすことも多い。まずは全体の流れを見て修正をしていきたい

定感」だが、右投げの場合、左足を上げたときに軸足がズレたり、グラグラする選手がいる。これがピッチングにとって致命的な問題になることが多い。とくに中学生くらいまではほとんどの選手がグラグラするのだが、軸足が安定してくると全体的な動作が安定しはじめる。そのためまずは軸足から見ていきたいのだが、その前に、投球動作に入る前の立ち方から解説する。

　立ち方については「まっすぐに立ったほうがいい」という人もいるが、必ずしもまっすぐに立つことがいいわけではない。一人ひとり筋力や骨格が異なるため、ヒザが軽く曲がっていたほうがいいボールが投げられる選手もいる。あまり見た目は気にせず、身体がブレていないかに着目してもらいたい。身体がブレていると1球ごとに投球モーションの入り方が違ってしまったり、姿勢が前かがみや後ろに反るなどすることが多く、こういう場合、どうやってもコントロールがつかなかったり、ボールが荒れたりする。

ヒザを上げて静止を繰り返す

　身体のブレについては、本人にブレている自覚がないことも多く、指摘してもなかなか直らない。

　では、どうやって修正するか。まずは足を上げて止める動きを繰り返す（134ページ写真）。カンがよい選手であ

片足立ちで安定感をアップする

まっすぐに立つ。立ち方の細かい指摘はしなくてよい

片足を持ち上げる。ヒザを抱えなくてもいい

元の姿勢に戻る。この動きを繰り返す

基本は投球時の軸足で立つことだが、身体のバランスを考えると反対側も行いたい

れば、これだけでも軸足にしっかりと体重を乗せる感覚がつかめるだろう。

　この動きだけではピンとこない場合には、軽くジャンプをして着地した姿勢を取る動きを繰り返す（左ページ）。その場で片足になり、ポンポンと連続ジャンプをする感じだ。左ページ下の連続でヒザを上げる動きも効果が高い。

　まれに、片足を上げたときに足元がズレたり動いたりする選手がいる。この動きはパワーロスにつながるため、できれば修正したほうがよいのだが、修正しないほうがよいケースもある。なぜなら足元の動きを修正したことで意識が足元にいったり、身体全体のボールを投げようとする方

片足連続ジャンプで軸足にしっかり乗る

片脚を上げて軸足で立つ

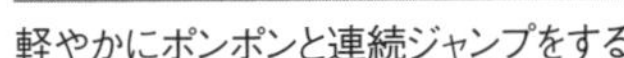

軽やかにポンポンと連続ジャンプをする

連続ヒザ上げ

まっすぐに立つ

左脚を大きく後ろに引く

腕を振り上げると同時に左ヒザを高く上げる。この動きを繰り返す

向性が変わり、ボールを制御できなくなることがあるからだ。以前、このようなタイプの選手に修正をしようと試みたのだがうまくいかず、結局足元のズレは修正しなかったことがある。その彼が今でも社会人チームで活躍している姿を見ると、指導や指摘の判断の難しさを改めて感じる。

少し話がそれたが、このように足元がズレる場合、「ある程度の球威があるか」と「コントロールがあるか」、「いつも同じ動きをしているか」に着目したい。これらが見られる場合には修正をしないほうがよいかもしれない。逆に1球ごとに球威やコントロール、動きが変わってしまうようであれば、修正したほうがいい。

現状の分析とレベルアップ②一定のリズムで投げることが重要

リズムによって投球が変わる

いいフォームで投げられなかったり、フォームが安定しない選手がいる。このような選手を見ていると、動作ではなくリズムに問題があるケースがある。例えば、足を上げるときはゆっくりと動き、その後動きが速くなるような動きで、つまりリズム感がないのだ。

本来であれば①足を上げる、②左足を踏み出して着地する、③ボールをリリースするとい

リズムのイメージ

足を上げる

左足を踏み出して着地する

ボールをリリースする

う3つの動きがリズムよく、ポンポンポンというリズムで投げられたらいい（上の写真）。ところが「しっかり立とう」「ヒジを上げよう」「身体が突っ込まないようにしよう」などとどこかを気にすると、そこばかりが気になり全体のリズムがなくなってしまう。

この現象は現場でよく起こることで、選手も指導者も部分ばかりを見ていることが原因の1つだろう。かつて高校生時代にいろいろな指摘をされ、リズムが悪い投げ方をしていた選手がいた。彼のピッチングフォームを直そうといろいろ試したのだが、リズムの修正が難しく、どのような指摘をしても残念ながら改善にはつながらなかった。ピッ

キャッチからスローまでの速いリズムがいいトレーニングになる。慌ててリリースしてしまう投げ方の修正にも効果がある

チャーは感覚が大切になるため、感覚を崩してしまう指摘や修正は慎重に行いたい。

リズムの修正に最適なのは野手の投げ方をすること

これまでに身につけてきたリズム感を壊すのは、選手にとって非常に怖いことであり、難しいことだ。しかし先ほどの例のように、リズム感が狂っていると、よりよいピッチングの弊害になってしまう。そこで効果が高いのが野手の投げ方をすることである。

大きく分けて内野手と外野手があるが、まずは内野手のスローのメリットを紹介する。内野手はアウトを取るために、キャッチからスローまである程度速いリズムで行う必要が

外野手のスロー

体重移動の微妙なバランス感覚が身につく。いい感覚が得られると投げ方にリズムが出てきたり、いいリリースポイントでボールを放すことができるようになる

ある。ここにリズム感のトレーニング要素があるのだ。それから内野手の投げ方は肩などへの負担が軽く、動きを顧みやすいというメリットがある。また慌ててリリースしてしまうような動きの改善にも効果的だ。ただしピッチャーの投げ方とは少し異なる点だけ注意したい。

外野手のバックホームはピッチングにも効果的

外野手がホームに向かって投げる場合、投げる方向が少しズレるだけで、ホームベースからは大きく外れてしまう。さらに打球の方向やスピードも様々なため、自分で身体をうまくコントロールする必要がある。これらの要素の強化が、ピッチングにも効果的になる。

なかでも大事になるのが体重移動である。外野手のバックホームの場合は勢いがついているため、勢いに任せて投げると前に突っ込みすぎてしまい、勢いを止めすぎると十分なスローができなくなる。この微妙なバランス調整がうまくできると、投げ方のリズムが出てきたり、いいリリースポイントでボールを放すことができるようになる。

このように外野手のスローには、ピッチャーの投げ方に近い動きや重要な運動が入っているため、時々練習に取り入れてもらいたい。

03
軸足の外転

部分的な動きの分析とレベルアップ①
軸足の外転はピッチャーのレベルが現れる

軸足の外転とは

OK

軸足が外側に捻られて地面をしっかりと押せるため、脚が大きく開く

NG

軸足が投球方向に捻られて地面を押しきれないため、脚の開き幅が小さくなってしまう

サイドステップで足の外転強化

右脚で地面を教えて反対方向に進む。この動きを繰り返す

上半身が安定しているとOK

左脚でしっかりと地面を押して横方向に進む

ピッチャーの力量が現れる重要なポイント

ここからは部分に着目して分析をしていく。

ピッチャーが足を上げてから、踏み出していくときに軸足が外転する（開く）。この動きはピッチャーの力量を測るうえで重要なポイントになり、ここに差が現れやすい。この時にしっかりと足が開かれるとバッターから見たときに迫ってくる感じが強くなるため理想的である。プロ野球を見ていても、意外と軸足の外転がうまく使えていない選手がいる。

しっかりと軸足でプレートに力を加えながらホーム方向へ前進することが大切で、強く長く力を出していくことを心掛けてほしい。

軸足の外転の習得はサイドステップが有効

この軸足の動きを身につけるためには、60ページでも紹介したサイドステップが効果的である。蹴り脚でしっかりと地面を押すことが重要になるが、自分の持っている「しっかりと地面を押す」という感覚が本当にベストな動きに対する感覚なのかを確認しておきたい。

この確認をするためには、重りを持ってサイドステップをするといい。重りを持った時に身体が傾いてしまう場合は、ちゃんと軸足に乗れていないということだ。

部分的な動きの分析とレベルアップ②
左腕の使い方と身体の捻転

肩回りの柔軟性チェック

下半身が回ろうとする動きに対して胸郭が捻じれると、身体の開きを抑えることができる。左腕を内旋させながら前に出すことで開きを抑えることができるが、これは積極的に左腕を使うというよりも結果的に前に出ているくらいに捉えたい

左腕の動きは他の動きの現象として現れる

一般的にグラブ側の手（右ピッチャーの左手）は、捻りながら突き出すことで肩甲骨の動きを固定でき、肩の開きを抑えることができる。そうすることで胸の張りができたり、下半身の力を上半身へ伝えることができる。

左腕の使い方については指導者側にも理論があると思うのだが、ここは非常に感覚的なところであり、修正をした結果かえって悪くなることも

ペアで胸郭の柔軟性を強化する①

頭に手を置く。ペアには片手を腰、もう片方の手を肩のつけ根に当ててもらう

ペアに腰を固定してもらい、肩を開く（回転させる）。ペアは肩を開くほうの手にはあまり力を入れない

ペアで胸郭の柔軟性を強化する②

ヒザ立ちになり両腕を伸ばす。ペアは両脇の下に手を入れる

なるべく腰を固定して肩を開く。ペアは肩を開く動きを軽く補助する

あるので注意が必要になる。

結論として左腕の動きはあくまでも現象であり、本質的な動きは胸郭や下半身の動きにある。そのため安易に左腕を直すのではなく、胸郭の柔らかい使い方や下半身から上半身にパワーが伝わっているかなどの点を見て、本質的な動きの改善に重点を置いたほうがよいケースが多く、全体を見ながら指導をしていただきたい。

捻転の強調過多は上半身優位の投げ方

左腕と連動する動きが捻転で、右ピッチャーの場合は左足を踏み出したときに、まだ肩が開いていないという状態をうまく作り出したい。さらに捻転は、下半身でできたねじりを上半身に伝えていく作用もある。下半身が回ろうとすると上半身も一緒に回ろうとするので、上半身の回りを抑えるというイメージになる。

捻転が非常に難しいのは、見た目はとても捻っているように見えるが、本人はそこまで積極的に捻っているわけではないということ。骨盤が回転するときに一緒に肩が回転するタイミングをずらすために行っているので、上半身に力が入らないことが大切だ。理想的にはしなやかな身体の使い方をしたいので、できるだけ自然なねじりが作れるようになること。上の2つのトレーニングや棒体操で胸郭の柔軟性を強化し、肩甲骨や肋骨と一体にして動かすことが重要になる。

05

肩甲骨を寄せる

部分的な動きの分析とレベルアップ③ 肩甲骨を寄せて肩の動きと連動させる

肩回りの柔軟性チェック

手を背中に当てたときに肩が前に出ると柔軟性が低くなっている

手を背中に当てたときに肩が前に出なければ柔軟性に問題ない

肩甲骨と肩を一緒に使う

胸の張りは胸郭の動きともいえるが、ここでは特に肩甲骨を寄せる動きに着目したい。肩甲骨を寄せる動きができないと肩よりも先でボールを投げてしまうため、肩やヒジへの負担が大きい危険な投げ方になってしまう。肩甲骨と肩を1つのユニットとして同時に動かしていくことを身につけたい。身体の前側にある鎖骨の肩鎖関節(けんさかんせつ)の動きも意外と大切で、肩鎖関節が硬くなると滑らかな動きができない。

肩回りの柔軟性は簡単にチ

肩と肩甲骨を連動して動かす

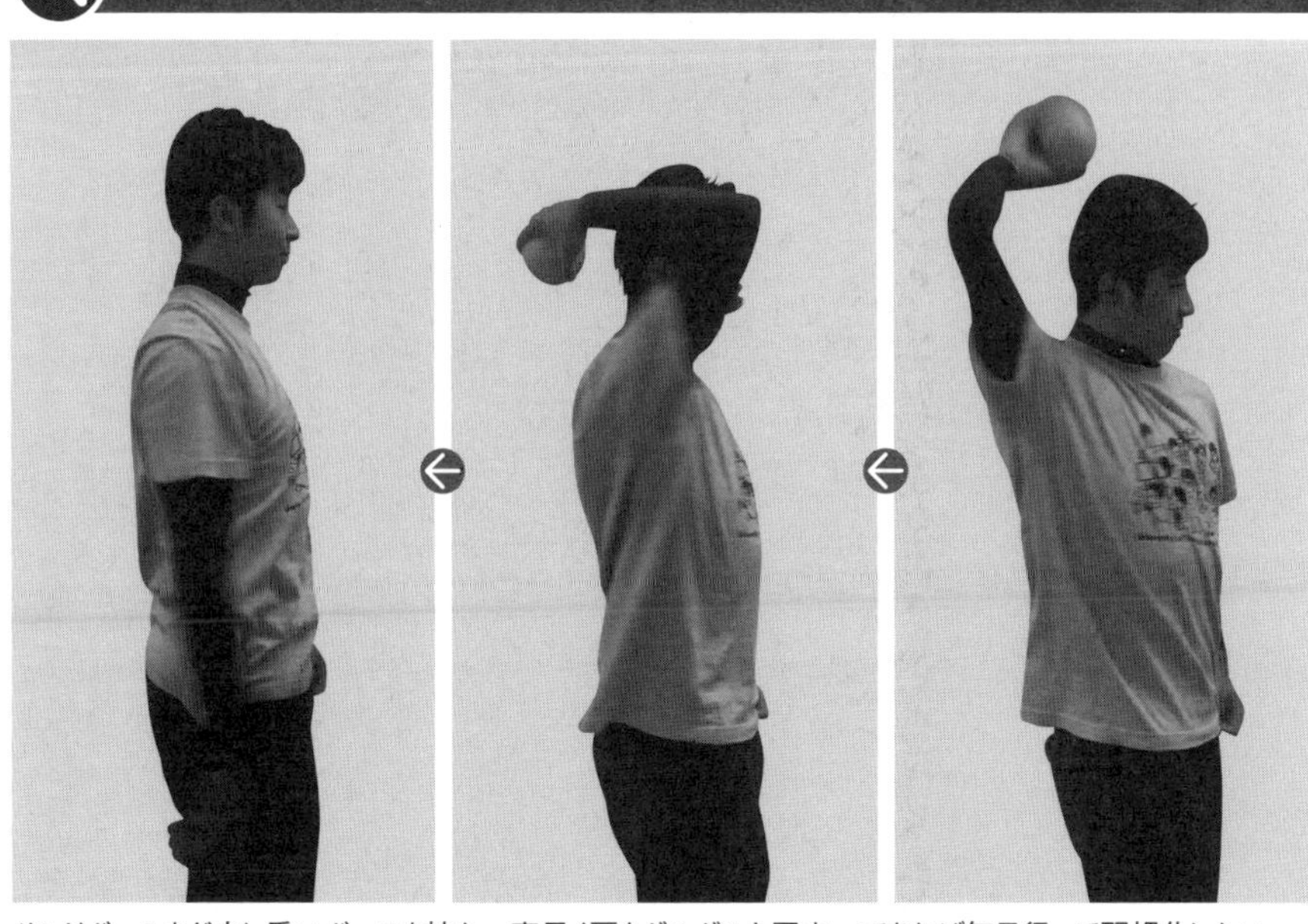

サンドボールなど少し重いボールを持ち、素早く肩をグルグルと回す。できれば毎日行って習慣化したい

ェックできる。右の写真のように手を後ろに回したときに肩が出なければ柔軟性が保てており、肩が前に出ると柔軟性が落ちていることになる。右投げの人は左手で試してみると、左肩が出ないことがわかるだろう。この原因は関節の位置がずれているから。対処法としては186ページから紹介する棒体操を行ってもらいたい。そして身体の後ろ側の筋肉を鍛えて正常な位置に戻し、正常な位置で肩甲骨と肩を回転させて投げるようにしたい。

身体の後ろ側が使えないと肩鎖関節が硬くなる

ピッチャーが胸を張ることが大事な理由は、張った胸の筋肉が戻るときに大きく腕を振れるからである。ところがヒジから前に出して投げるようなタイプは、身体の後ろ側があまり動かないため、肩鎖関節周辺に張りがでてしまう。これも肩やヒジにとって危険な投げ方になるため、できるだけ早く改善をしたい。「ヒジが悪くなる時は肩が動いていない」といわれることがあるが、普段から肩甲骨の動きを誘発するような肩の使い方をしておきたい。サンドボールという500gくらいのボールがあるのだが、これを持って肩甲骨が動くように素早く肩をグルグルと回す。肩と肩甲骨を一緒に動かしながら肩甲骨の可動域を広げることで、少しずつ改善されていく。

部分的な動きの分析とレベルアップ④
腕の振りは結果的に大きいことが理想

腕は勝手に振れる

ヒジを支点にボールが上がってくる理想的な動き。上半身がやや二塁方向に向きながらボールがよい位置にくる

腕の上がりと身体の回転のタイミングがよいと、身体が動きはじめているのにボールが止まって見える瞬間が出てくる

身体のいい動きとタイミングで腕が振れる

「腕は大きく振れ」などのようにいわれるが、これも身体がいい動きをした結果「振れる」のだ。まずはボールをトップまで移動させるときに、ヒジを支点にして持ってくることがポイントでボールの向きも大切になる。145ページで紹介したように肩と肩甲骨がユニットで動くと、田中投手の上の写真のように上半身がやや二塁方向に向きながらボールがよい位置にくるの

肩回りとヒジ回りの柔軟性を高める棒体操

これも棒体操の種目だが、しなるものを持ってくるくる回す動きも効果が高い。186ページから紹介する棒体操には腕の回内外の可動域を高める効果がある

だが、身体の回転のタイミングが早いとボールがバッターの方向に向いてしまう。

腕の上がりと身体の回転のタイミングも重要で、意図的にヒジを上げすぎたり胸を張りすぎてしまうと逆にコンパクトな腕の振りになってしまう。

よいタイミングでヒジが上がってくると、身体は動いて見えるがボール自体は止まって見えることがある（右ページ写真下）。そういった動きが見えることが理想で、こうなると自然に腕が振れる。

肩と肩甲骨をユニットで動かすためには柔軟性が必要で、上の写真のように棒を使って動かしていくと効果的に柔軟性が養える。

部分的な動きの分析とレベルアップ⑤ リリースの瞬間以外は脱力させる

リリースポイントは前側に見えているだけ!?

リリース時は上の写真のように肩の位置、お尻の先端、カカトがだいたい一直線になっているのが理想だが、お尻が折れたような姿勢になってしまうことがよくある。

そもそもリリースポイントは身体の前にあるように見えるのだが、これは体幹が前に行くことと右投手であれば一塁方向に回旋することでボールを前で放っているように見えるのであり、腕自体は実際

手袋をつけて投げる

この状態で何球か投げた後に素手で投げるとボールが指先にかかる感覚が鮮明になる

滑りやすい手袋をはめることでボールを握る指先の感覚が薄くなる

手首と指先を柔軟に使うスナップスロー

手首のスナップを効かせて投げることで指先の感覚が養える

小さなテイクバックから素早くボールを投げる

には前に行っていない。最近は「リリースは後ろ側で」という人もいるくらいだ。

いいピッチャーは、リリースの瞬間に力を加えるが、それまでは脱力した状態になっている。最近は身体の動きばかりが注目されるのだが、このリリースの強さのような部分は忘れられがちだと感じている。リリースでボールに力を加えることで、先ほどのリリースポイントも変化をしてくるだろう。そのためには上の写真のように、滑りやすい素材の手袋をはめて投げたり、スナップスローをするなど、リリース時の指先の感覚を養うトレーニングをしていたい。

動きの修正は全体を見ながら調節する

全体の動きを見る、全体や部分の修正をする、再び全体の動きを見るという流れを繰り返す。指導者の目的は、部分的な動きを修正することではなく、選手1人ひとりの特性を踏まえた成長を後押しすることになる

常に全体の動きを確認する

最後にこのパートで伝えたかったことをまとめておく。

分析で目につきやすい点は、部分的な動きの違和感である。しかし安易に部分的な修正を行うことで、全体に悪影響を及ぼしてしまう危険がある。

そのため、まずは全体の動きをじっくりと見て修正が必要であれば修正をし、その後部分の修正をしながら、同時に全体の動きにどのような影響を与えているのかを観察してもらいたい。

今の選手たちは知らないかもしれないが、日本人メジャー投手の先駆者である野茂英雄氏は独特の投球フォームが「トルネード投法」と呼ばれ、日米で大活躍をした。これは本人の努力と力量によるところが大きいのだが、彼の投球フォームを不必要に修正しなかった歴代の指導者たちの功績でもあるだろう。全体の動きを見ながら修正をしていくことで、野茂氏のような可能性を持った選手たちの登場の可能性が大きく広がるはずである。

PART5

変化球の習得

ボールの回転を支配する「マグヌス力」とは何か?

ボールを回転させる力がマグヌス力

変化球の「曲がり」や「落下」を支配しているのは、「マグヌス効果」と「重力」である。マグヌス効果とは、回転する物体に作用する力（マグヌス力）であり、変化球に大きく影響を与える。

左の図のように投じられたボールは、反対方向から空気の抵抗を受ける。またボールが回転することにより、ボールの周りにある空気が回転に引きずられ、ボールの回転す

マグヌス効果と変化球

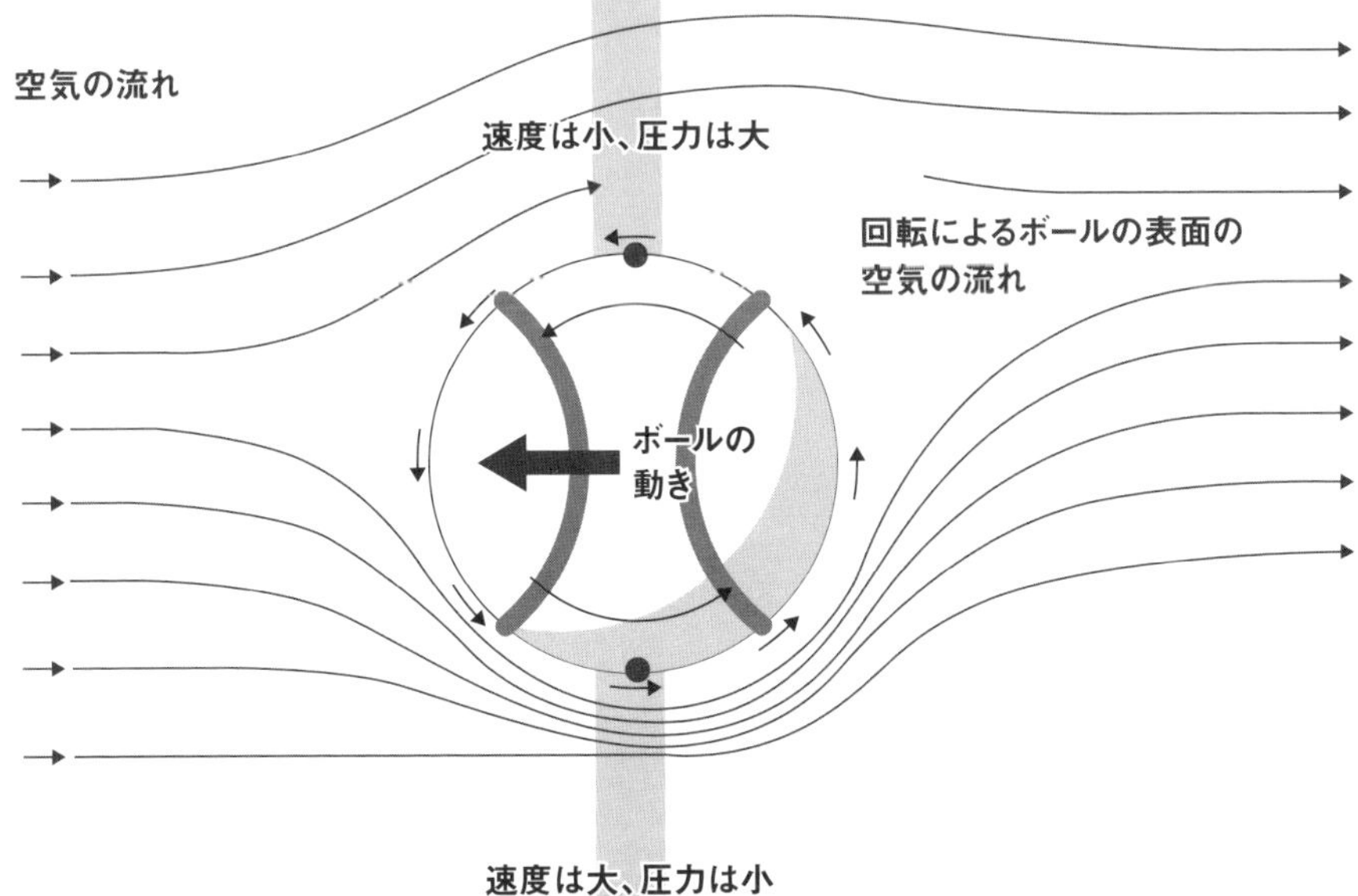

る方向に沿った空気の流れが生まれる。

このときボール上側の空気の流れは、ボールの表面の空気の流れと逆方向になるため、抵抗を受けてスピードが下がる反面、圧力は大きくなる。

逆にボールの下側の空気の流れは、ボールの表面の空気の流れと同じ方向になるためスピードが上がるが、圧力は小さくなる。圧力は、小さいほうが大きいほうを引っ張ろうとする性質を持つ。つまり、ボールの下部側が、ボールの上部側を引っ張ろうとするのだ。図のようにトップスピンがかかっているボールは下方向に引っ張られるため、鋭く落下することになる。逆にバックスピンをかけるように投

■横から見た軌道の違い

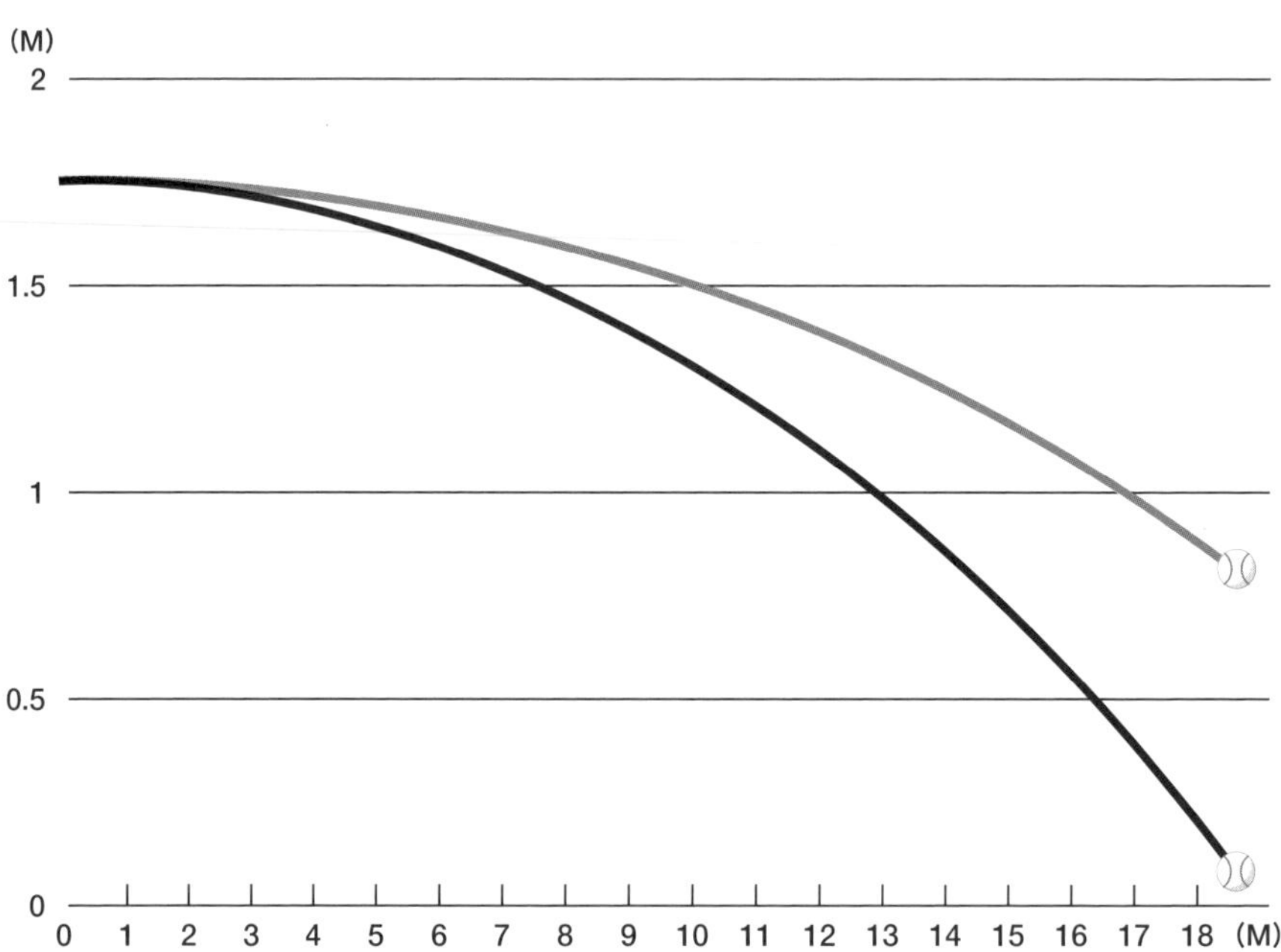

球速125㎞／h、回転数をストレート＝毎秒30回転、カーブ＝毎秒34回転とした場合の計算。バッターの手元に来るときには、50〜60センチの高低差が出てくる

ストレート
カーブ

げると、ボールは落ちにくく、横方向に回転をかけることで、カーブなどのように大きく曲がる。

ストレートと比較したカーブの特徴

球種ごとの軌道の違いを見ながら、マグヌス力がどのように働くのかを見てもらいたい。上のグラフはストレートとカーブの違いを比較したものだ。球速は125㎞／h、ボールの回転は、ストレートが毎秒30回転、カーブが毎秒34回転と仮定している。

まずは横から見た比較だが、ストレートの場合は約1m弱、自然な落下をしている。これに対してカーブは約1・75mの落下となる。真上から見る

ストレートとカーブ、軌道の比較

■真上から見た軌道の違い

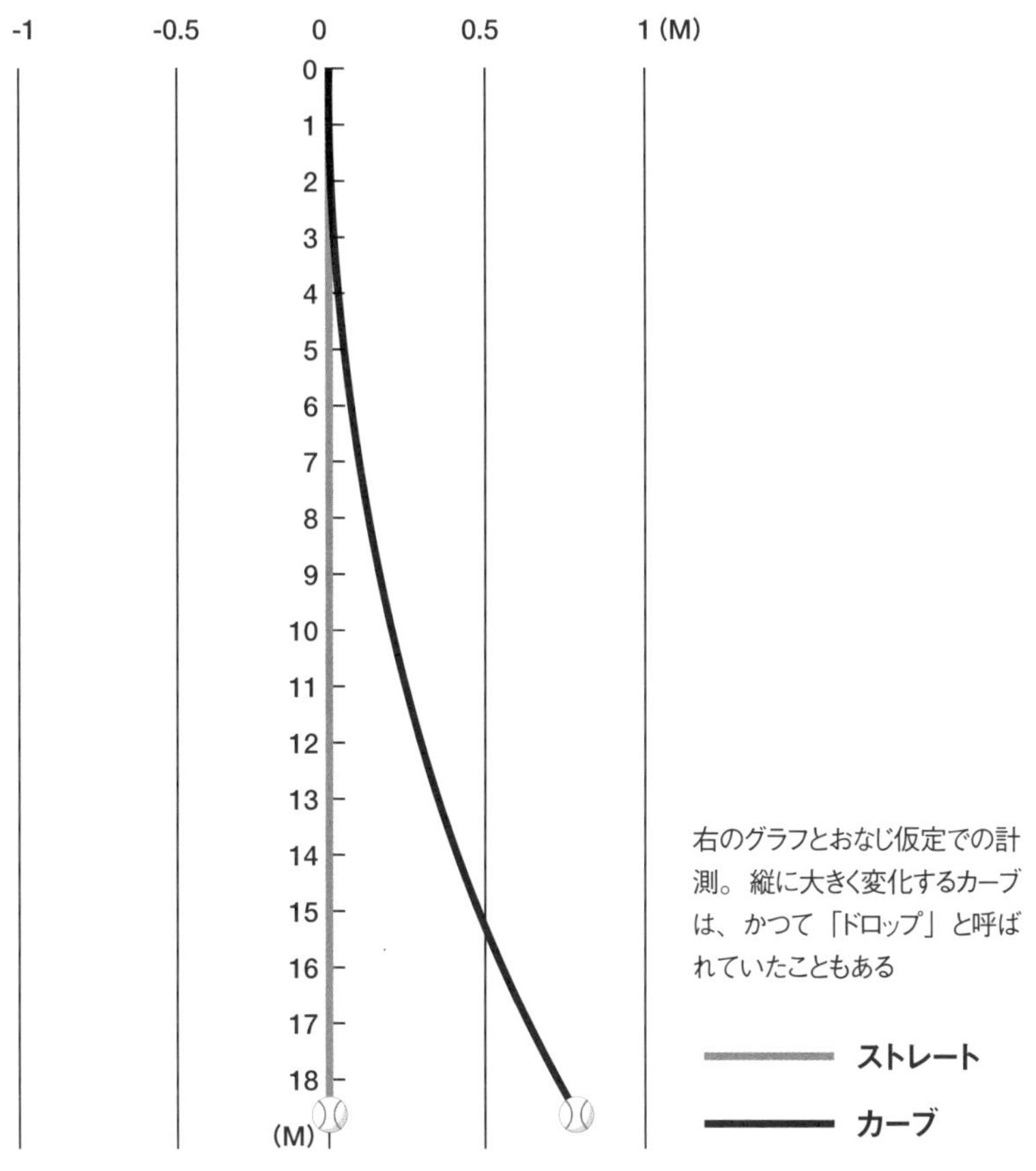

右のグラフとおなじ仮定での計測。縦に大きく変化するカーブは、かつて「ドロップ」と呼ばれていたこともある

と、ストレートは左右に変化をせず、直線的に進むが、カーブの場合は、約80㎝横方向に曲がっていることがわかる。

ボールの変化の仕方がピッチャーによって異なるのは、腕の振り方やボールをリリースする位置が違うからだ。リリースする場所により、ボールの回転軸の作り方が変わってくる。これにボールの握り方や弾き方などが加わり、人によって異なる変化になる。

例えば、オーバースローでヒジにタメを作り、ボールに親指をかけてトップスピンをかけて投げたカーブは、縦に大きく変化する。最近は少なくなったが、ヒジから先が柔らかく使える投手は、このようなカーブを使える。

02
落とす球種は
回転を抑える

回転を抑えると
ボールは落下する

無回転のボールに働く力

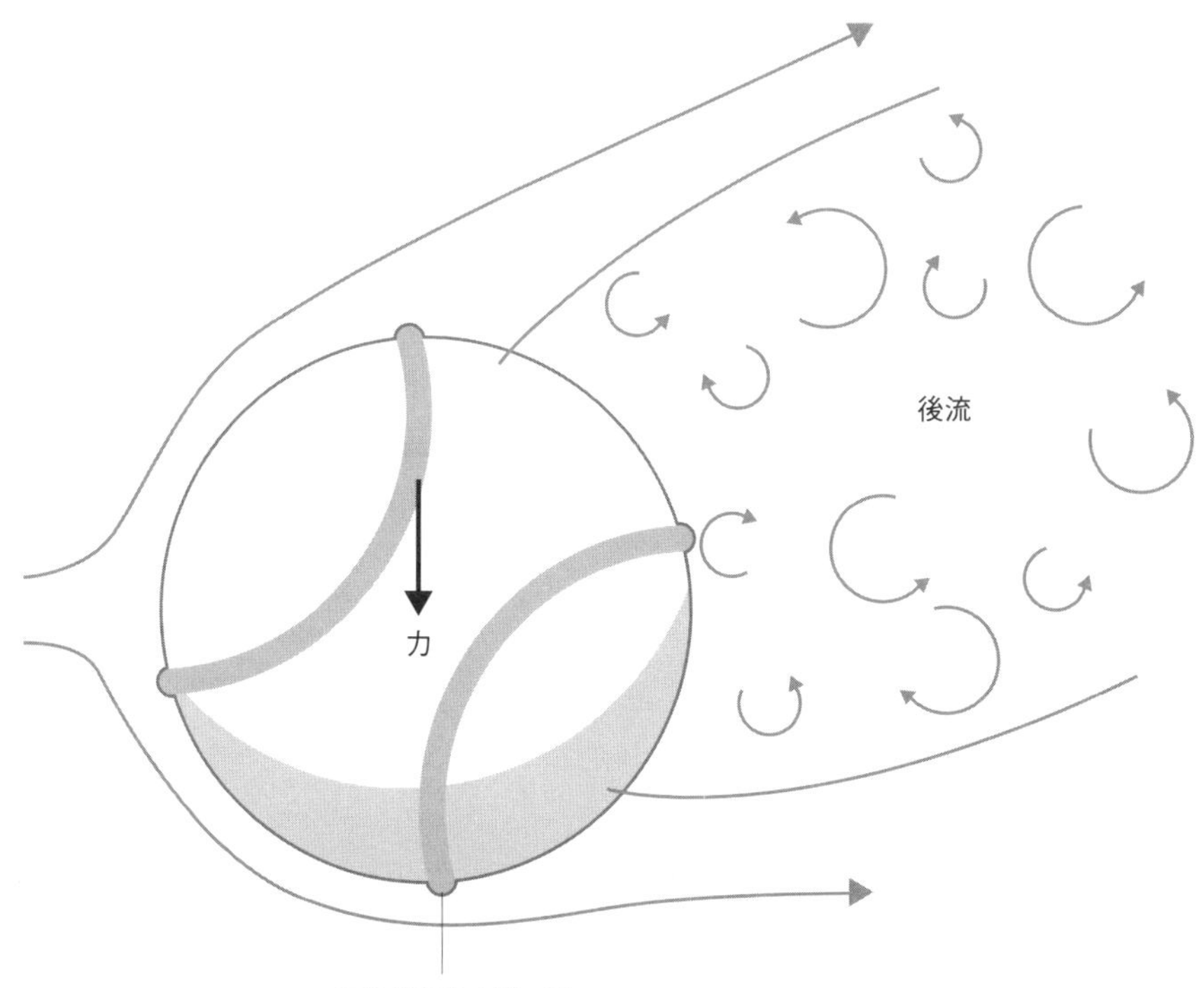

回転しないボールの周りの流れ。この向きでは上の面は滑らかだが、下の面には縫い目（ステッチ）がある。したがって下側の剥離が遅れ、上向きに傾いた後流がボールに下向きの力を及ぼす。

ボールの後ろ側に生まれた空気の渦が落下力を高める

フォークやスプリットといった落下するボールに働く力は重力である。そしてボールを落下させるためには回転を抑えることで、より大きな空気の抵抗を作り出す必要がある。

これが上の図の状態で、回転しないボールの周りの空気は、ボールの後方で流れる。そして上向きに傾いた後流がボールに下向きの力を及ぼすことになる。

ボールの回転を抑えるためには、ボールの縫い目に指をかけないこと。ボールに指を引っ掛けるように握り、ボールを「抜く」ように投げる。

ストレートとフォークボールの軌道の違い

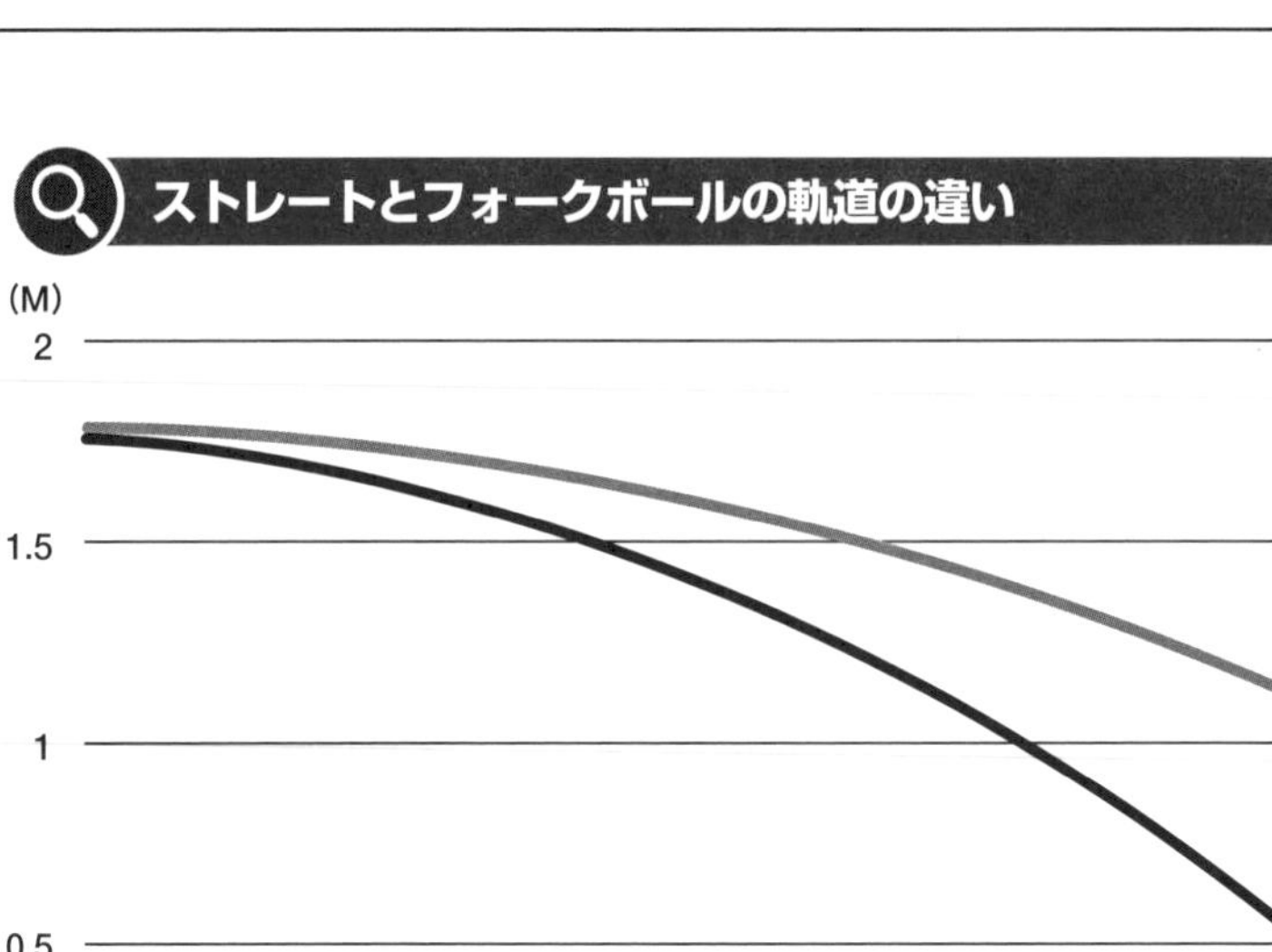

ストレートと同じ軌道から、大きく落下する。そのためバッターにとってはストレートとの違いがわかりにくく、空振りをしやすい球種となる

ストレートとフォークの軌道を横から見ると……

上のグラフはストレートとフォークボールの軌道の違いを比較したものだ。

球速は125km/h、ボールの回転はストレートが毎秒30回転、フォークは毎秒10回転と仮定している。

ストレートの場合は、約1m弱の自然な落下をしている。これに対してフォークの場合は、キャッチャーミットに届く前に地面でバウンドしそうなほどの落下をしていることがわかる。

バッターからすると、ストレートとの変化が見分けにくい。そのため、ストレートかと思って振りにいくと、大きくボールが落下するため、バットに当たらないという結果になる。

見破られにくいスプリット

メジャーリーグで活躍するダルビッシュ有選手や、田中将大選手を筆頭に、日本でも多くの投手が持ち玉とするスプリット。高速フォークと呼ばれることもある球種だが、ここではスプリットとフォークの違いを説明しよう。

まずフォークだが、先ほども紹介したように、バッターの手前で大きく落ちる軌道を描く。そのため、タイミングを外すためだけでなく、三振を狙って投げられる球種になる。ただし、ストレートと比

ストレートと同じフォームで投げ込むスプリットを決め球にしていた上原浩治氏

べてボールの回転数が少ないため、この点がバッターに球種を見破られる弱点になることもある。

一方でスプリットのボールの落差は、フォークボールと比べると小さくなる。そのため三振を取るためのボールというよりは、タイミングを外して打ち損じを狙う球種といえる。また、ストレートとボールの回転数が近いため、バッターから球種を見破られにくいというメリットもある。ストレートとできるだけ同じフォームで投げることで、より高い効果が得られるボールとなる。

フォークとスプリット握りの違い

両者の違いがなぜ生まれるのかというと、ボールの握り方が異なるからだ。

166〜167ページの写真もあわせて確認してもらいたいが、フォークは指の第1関節と第2関節の間でボールを抜いて投げる。スプリットの場合は、第1関節でボールを引っ掛けるようにして投げるのだ。

ところで、なぜ落ちるボールは打ちづらいのか。これは人間の構造の問題にある。ある研究の結果、人の目の筋肉は上下に動きにくく、横の動きに比べて焦点が合わせづらいことがわかっている。このようなことからも、落ちる球種を手に入れるメリットは大きいといえるだろう。

03

変化球の習得数

多くの変化球を覚えることはデメリットが大きい!?

無意識に他の球種の回転が変わってしまう

七色の変化球のように、多彩な変化球を操るピッチャーへの憧れを持つ選手も多いだろう。しかし、多種の変化球を投げることで、ストレートや他の変化球に悪影響を及ぼすケースがある。

例えばスライダーが持ち球のピッチャーが、スライダーと逆方向に曲がるシュートやチェンジアップを覚えようとした場合で考えてみよう。

このようなケースでは、シュート回転のボールを投げ込むことで、スライダーにも無意識のうちに同じような回転がかかってしまうことが多い。するとキレのよかったスライダーが、本人も気づかないうちに中途半端な変化になってしまう。同じことがストレートにも言える。本来はキレがよく伸びるようなストレートを投げられていたのに、無意識に余計な回転がかかることで、キレやコントロールに狂いが生じてしまう。

社会人野球の全日本の監督が言った言葉がある。

「多彩な変化球を練習しようとした場合、1日に何球ほど投げられるのだろう？」

「1日100球投げるとして、そのうち3割変化球を投げるとする。変化球が3つあれば1日10球程度しかない」

「それで自分で自信が持てる質になるのだろうか？」

まったくその通りで、まずはストレートと1つか2つの変化球を組み合わせて活かすことを考えるのが、いい結果への近道だと思う。

変化球の習得には肩甲骨周りの柔軟性が必要

変化球の習得を目指す場合、気になることはケガへの懸念だろう。

例えばストレートを投げる場合には、体の横かつ斜め上から腕を振る。しかしカーブを投げたい場合には、より縦方向から腕を振らなければならない。するとヒジを高く上げる必要があり、そのためには肩甲骨の柔軟性が求められる。そうでなければ、自分の体が動かないほうに無理やり動かすことになり、腕だけで投げてしまうからだ。

またシュートを投げようとした場合、やや体を開きながら腕をひねる動きをする。しかし柔軟性がなければ体が開きすぎてしまい、腕だけで投げてしまう。

こういう投げ方をすればケガのリスクが増えることは容易に想像できるだろう。

極端にいうと、プロの選手でも毎球、ボールの変化が変わっている。どうしても力の入れ具合や腕の振りに微妙な違いが出るからであり、人間である以上、いつもまったく同じ状態で投げられることはあり得ない。そのため柔軟性がないまま練習を続けていれば、たった1球で体を痛めてしまう危険性もあるのだ。そ

スピードトレーニングの適正投球数

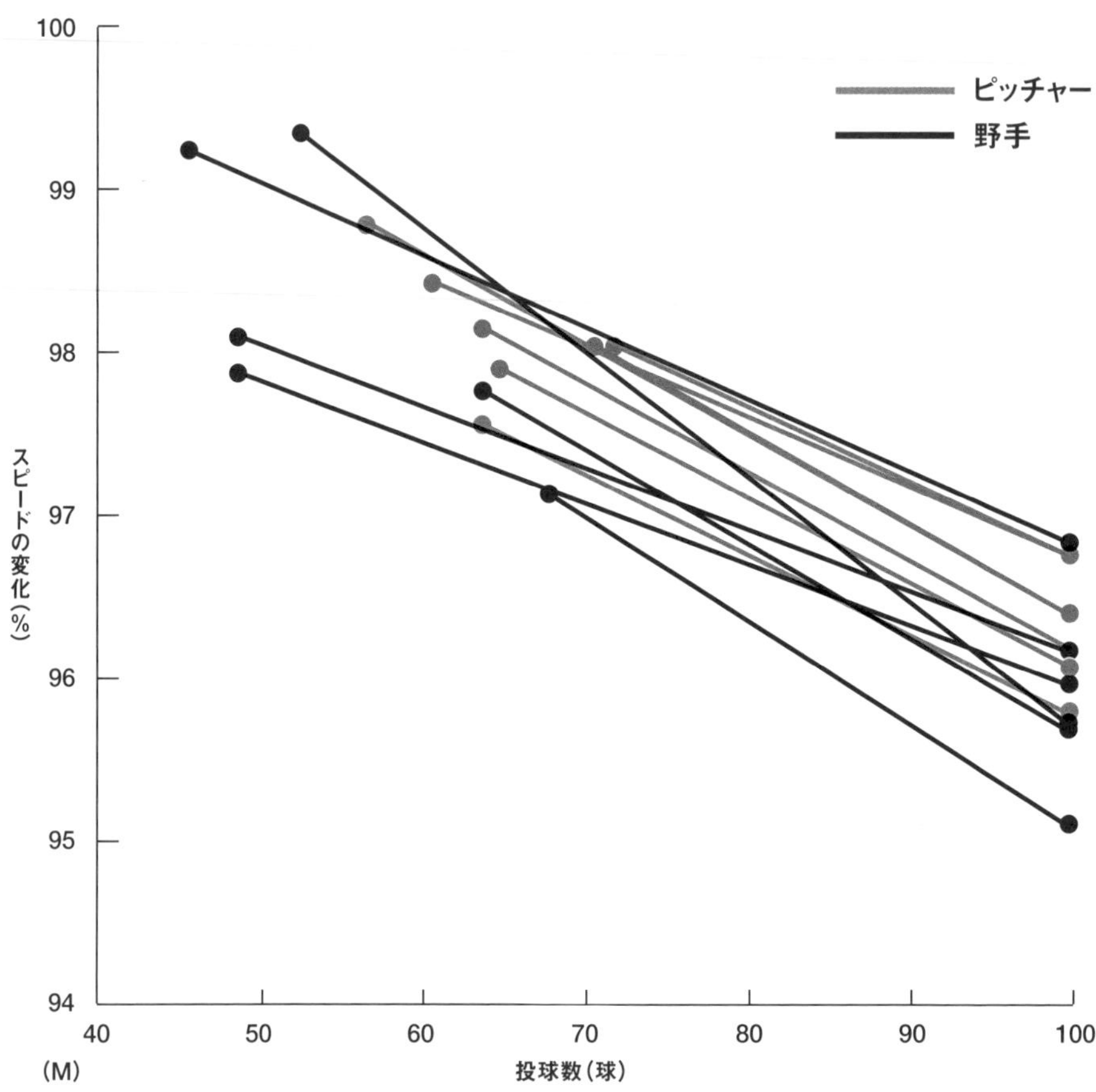

仙台大学、森本吉謙教授の論文に基づいたグラフ。ほとんどの選手が70球を目安に、一気にパフォーマンスが落ちることがわかった

のため最低限の柔軟性が身についてから、本格的な変化球の練習に入ってもらいたい。

投球数の目安は1日70球

私がピッチャーたちに投げさせる投球数は、1日70球程度である。この考えの元になっているのが、筑波大学の後輩で、仙台大学、森本吉謙教授の「野球の投球運動における反復法を用いたスピードトレーニングの適正投球数」という論文である。

上のグラフがその結果になるが、これは17人の選手(ピッチャー11人、野手6人)が100球を投げた際のスピードの変化を表している。その結果は45〜71球を過ぎるとボ

Special lesson

肩甲骨を柔らかくするトレーニング

1 まっすぐに立ち、身体の前で両ヒジをつける

2 ヒジをつけたまま、ゆっくりと腕を持ち上げていく

3 そのまま腕を内から外に回す（ヒジがついた状態はギリギリまで保つ）

4 「内から外」を行ったら、続いて「外から内」を行う

5 「外から内」でも身体の前で両ヒジをつける

POINT

練習のポイント

回数
10〜20回

目的
両ヒジをつけることを意識した腕回しで、肩甲骨の柔軟性を高める

注意点
腕はできるだけ、大きく回す。呼吸をとめないこと。手軽な練習なので、積極的に取り組もう

Check

両ヒジをつけたまま、ヒジが額くらいに上がるのが理想

肩甲骨の柔軟性は、簡単な方法でチェックできる。身体の前で両ヒジをつけたまま、どこまで引き上げることができるかを確認するとよい。理想は「ヒジが額」だ

ールスピードが大きく低下した。そのためある程度体ができているピッチャーについては、70球を目安にしているのだ。

また70球に達する前にパフォーマンスが大きく下がるピッチャーは、どこかで無理をしていたり、体がまだできていないと判断する。

無理をしているようであれば練習メニューを変えたり、休息を増やしたりし、体ができていなければフィジカル強化に充てる時間を増やす。

このように考えると、選手たちに無理な負担をかけず、より効率のいい練習ができるだろう。

04 握り方と効果

変化球の握りと使いどころを覚える

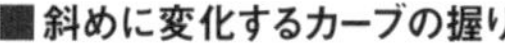
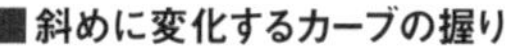

カーブの握り方と効果

■縦の大きく変化するカーブの握り

■斜めに変化するカーブの握り

[効果]

❶ストレートとの球速差によってバッターのタイミングを外す（狂わせる）

❷大きく変化させることでミートポイントの特定を困難にする

❸縦に変化させることでフォークボールと同じ効果がある

Check

ピンチのときに遅い球を低めに投げる勇気を持てるか

ストレートと変化球は6対4の割合で

膨大な試合数からの統計によると、ピッチャーが投げる球種の割合は、ストレートが6割に対して変化球は4割程度である。あくまでも主体はストレートであり、変化球の役割は、バッターのタイミングを外したり、効果的な場面で三振を狙ったりしつつ、それによってストレートを活かすことになる。

ピッチングの組み立ての基本には、①タテ（上下）の揺

スライダーの握り方と効果

［効果］
❶打者が直球だと思って振りにいくと曲がるため、打ち損じを狙う
❷右打者には外角にボールになる球もしくはインコースへ投げることで、打ち損じを狙える
❸左打者には内角低めに落ちる球や外のボールからギリギリ外角へ入る球を投げることで、打ち損じや見逃しを狙える

Check
❶内角速球などの伏線が大切
❷曲がりの大きさよりもキレが大切

さぶり、②ヨコ（左右）の揺さぶり、③対角線の揺さぶりという3原則がある。これに加えて、球筋の変化やスピードの変化、投球間隔の緩急による揺さぶりというポイントが出てくる。これらの選択肢の1つとして変化球があるのだ。

スライダーの効果的な組み立て方

例えば、スライダー。右投げのピッチャーが右バッターに投げる場合の例だが、まずはインコースにストレートを投げる。

次にインコースへのスライダーを投げてバッターをのけぞらせ、少しベースから遠ざける。

フォークの握りと効果

［効果］

❶大きな落差を使って打ち損じや空振りを狙う
❷タイミングを狂わせるチェンジアップとして使う
❸ボール球からストライクになるようにコースをコントロールできれば、見逃しのストライクも狙える

Check

❶ピンチのときに、バッターが好むコースへ投げられるか
❷できればワンバウンドになるほど落差を大きくし、空振りさせたい

そしてアウトコースへのストレートや変化球で仕留める。こういった変化球の使い方ができると、効果的な組み立てになる。

ど真ん中にフォークを投げる!?

フォークの場合には、バッターが打ちやすそうなコースに投げる。つまりど真ん中である。もちろん、まったく落ちなければ最悪の結果になる可能性が高いが、打ちごろのコースから落とせると空振りを十分に狙える。

また高めのボール球と見せておいてストライクといった使い方もできるだろう。

スプリットの握りと効果

[効果]

❶タイミングを外してボールの上を叩かせ内野ゴロを打たせる
❷ダウンスイング系の打者に効果が高い

Check

❶特に変化よりもキレが大切
❷ストレートのときとできるだけフォームを変えずに投げる

ストレートのコースとポイント

1 アウトコース低目
❶最もバットが届きにくいため、打ち取れる確率の高い安全なコース
❷困ったときに八分の力で投げ込む

2 インコース低目
❶左投手が右打者、右投手が左打者へ投げる
❷アウトコースを充分に意識させてから投げる

3 インコース高目
❶三振を取りにいくコース（強打者はここが弱い場合が多い）
❷思いきって投げる勇気が必要

4 アウトコース高目
❶三振を取りにいくコース
❷内野フライを打たせやすい（内野フライは三振に等しい）

カーブの投げ方は指パッチンのイメージ

投球動作に入ったら親指と中指を合わせ、リリースポイントで指をこすり合わせ（パチンと鳴らすイメージ）、そのまま腕を振り抜く

リリース時に指をこすり合わせる

カーブでは親指をしっかりと縫い目に引っかけることが大切である。その動きを身につけられる練習方法が、この指をパチンと鳴らす動きになる。ボールを投げずに行える練習なので、自宅や空き時間でも練習できるという手軽さがある。

やり方はまっすぐに立って投球動作に入り、すぐに親指と中指を合わせる。そのまま腕を振りながら、ボールをリリースするあたりで指同士をこするようにする。この動きを繰り返して感覚がつかめたら実際にボールを投げてみるといいだろう。

カーブの軌道や変化の量は投げ方によって変わるが、この練習によって基本的な指の動かし方を覚えることができる。

POINT

練習のポイント

回数
10～20回

目的
カーブの指の使い方を覚える

注意点
一連の投球動作のなかで行うこと

02 回転をかける

「ペットボトル投げ」で回転させる感覚をつかむ

少量の水の入ったペットボトルの先端側を持って投球動作に入る。指からペットボトルが抜けるイメージで、10mほど投げるつもりでリリースする

ジャイロ回転の質を高める

変化球を投げる際に必要となる動きが、ボールを抜くこと。ペットボトルに少し水を入れ、これを指を抜くように投げることで、ジャイロ回転（ドリル状に回転）を加える感覚を養う。この練習方法はメジャーリーグの指導書にも掲載されている内容で、ジャイロ回転を加える感覚を得ることでカーブやスライダーなどの質を高めることができる。

用意する道具は500㎖のペットボトル。これに少量の水を入れ、写真のようにボールを握るようにペットボトルの先端を握る。そして10ｍほど前方に投げる。

ペットボトルがドリル状に回転すると、いい回転の証拠となる。

P・O・I・N・T
練習のポイント

回数
10～20回

目的
ボールを回転させるために必要な指の抜きを覚える

注意点
遠くへ投げることよりもしっかりと回転をかけることを重視する

03
スライダーの投げ方

スライダーは「チョップ」の動きで感覚をつかむ

小指の側面をバッター方向へ向け、指先の力を抜いてモーションに入り、そのまま最後までチョップをするように腕を振る

小指の側面をバッターに向ける

スライダーは親指を効かせないようにして投げることがポイントになる。また腕の振り方はチョップをするようなイメージだ。

これもカーブの指パッチンと同様にボールを使わずにできるため、いろいろなところで練習をしてもらいたい。

どの変化球にもいえることだが、特にスライダーはストレートと同じ軌道で腕を振ることが大切。チョップをするように動かすと同時に、腕の振りがストレートと変わらないように意識してもらいたい。

ある程度動きのイメージができたら実際にボールを投げ、変化の質や腕の振りがストレートと同じようにできているかを確認してもらうといい。

POINT
練習のポイント

回数
10〜20回

目的
スライダーの指の使い方を覚える

注意点
できるだけストレートと同じような軌道を描くように腕を振る

04
指が抜ける感覚

「ペットボトルのキャップ投げ」で指が抜ける感覚をつかむ

キャップを3本の指で持ち、モーションに入り、右ページのチョップをするイメージで腕を振る。指がうまく抜けるとキャップが安定して飛ぶ

キャップの持ち方

指が抜ける感覚がつかみやすい

ペットボトルのキャップを使い、遊び感覚でスライダーの投げ方を覚えることができる。キャップは野球ボールよりも小さいため、きちんと指にかけられると、抜けやすい(回転をかけやすい)のだ。またいい指の抜け方ができると、想像以上にキャップが飛ぶ。

この練習を効果的にするためには、写真にあるようにしっかりとキャップに3本の指をかけることが重要。また腕を強く振る必要はなく、軽めのキャッチボールをするつもりで投げてみよう。

何度か繰り返して指が抜ける感じがつかめたら、ボールを使ってトライしてもらいたい。

POINT
練習のポイント

回数
10〜20回

目的
スライダーを投げる際の指の抜けを覚える

注意点
キャップが安定した軌道で飛ぶように投げる

05

指が抜ける感覚

メディシンボールを上げ下げして落ちる球の質を高める

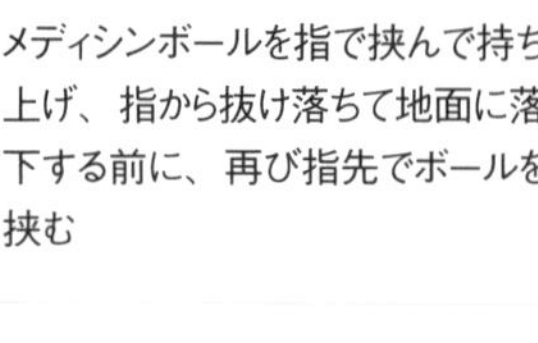

メディシンボールを指で挟んで持ち上げ、指から抜け落ちて地面に落下する前に、再び指先でボールを挟む

※慣れないうちは地面にメディシンボールを置き、挟んだり抜き落としたりする

落下系の変化球の質を高める

66ページの練習と似ているが、低い姿勢で行うことでボールが指から抜ける感覚をつかめる。この練習をすることで、フォークなど落下系の変化球の質を高めることができる。

慣れない頃や変化球を覚え始める段階であれば、地面に置いたメディシンボールを指で挟み、地面から10㎝ほど浮かせる。するとボールの重みで、指からボールが抜け落ちる感覚がつかめるだろう。

これができたらボールをしっかりと挟んで10㎝ほど持ち上げ、空中で抜き、ボールが地面に落下する前に再び指で挟む、という動きを繰り返す。

POINT

練習のポイント

回数

5～10回×2～3セット

目的

フォークなど落下系の変化の質を高める

注意点

指先に集中し、ボールを挟む感覚と抜く感覚を覚える

06 シャドーピッチング

変化球と直球、2種類のシャドーピッチング

変化球を練習する場合のシャドー

2本指をタオルの真ん中にかけ投球動作をすることで、指先からボールが抜ける感覚を持てる

腕の軌道を作る場合のシャドー

タオルの先端に結び目を作って握り、投球動作へ、しっかり大きく腕を振る感覚をつかむ

変化球の場合は2本指にタオルをかける

投球練習の代名詞であるシャドーピッチング。しかしこれもやり方によっては弊害になることもあるため注意してもらいたい。

通常シャドーピッチングというと、タオルの先に結び目を作って行うやり方が多い(写真右)。これはヒジが前に出るので、腕の軌道を作るためにはいい練習方法だ。ところが変化球の投げ方を意識して行なうとボールの重さがないため、わざとヒジが遅れて出てくるような投げ方になり、悪影響が出てしまう場合がある。これを防ぐためにはタオルの真ん中を写真左のように2本指にかける。その状態でシャドーピッチングをすると、ヒジへ余計な負担をかけない練習となる。

POINT
練習のポイント

回数
5~10回×2~3セット

目的
ボールを挟む感覚と抜く感覚を覚える

注意点
写真のとおり、目的に合わせた方法をとること。高校生以上が対象。

COLUMN

ナックルボールが揺れ落ちる理由

魔球と呼ばれる変化球、ナックルボール。ストレートが毎秒30回転するのに対して、この魔球は毎秒0.5～1回転しかしない。ピッチャーの投げたボールは0.5秒弱でホームベースへ到達するため、1/2～1/4回転しかしないことになる。

バッターにとっては、ボールが揺れながらどこに変化するのかがつかめず、投じたピッチャーにしても、どちらに曲がるのかが予測できない。

152ページでは、マグヌス効果と重力によってボールの軌道が変化することを説明したが、そのなかでも予測不能な変化をするのがナックルボールである。この変化の要因をまとめると、①ボールの後ろに乱流ができる、②乱流は抵抗となってボールの方向を変える、③縫い目によって乱流の向きが変わる、④縫い目によって方向が変わる、⑤４分の１回転、２分の１回転しかしないので微妙に方向が変わって揺れて見える、ということになる。

1910年代のメジャーリーグで活躍したエディ・シーコット投手。彼はナックルボールの元祖といわれている。彼は、投球数の９割以上がナックルボールであり、100km/hほどの球速で並みいる強打者を抑えたという記録が残っている。

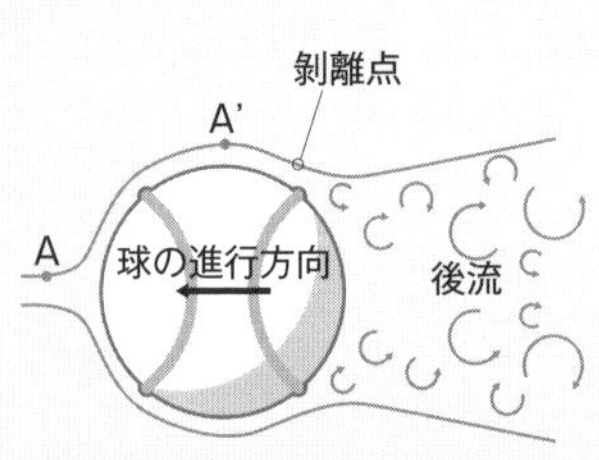

ボールの周りの実在流体（空気など）の流れ。現実の流体は粘性をもっているから、境界層内の流体粒子は球に沿って回り切れずに途中で止まり、A'を過ぎたところに逆流部ができる。それでも流体は自由流に押されてやがてボールを過ぎるが、表面付近の逆流はボールの背後に乱れた渦領域をかたちづくる。これが後流で、その起点が剥離点である。

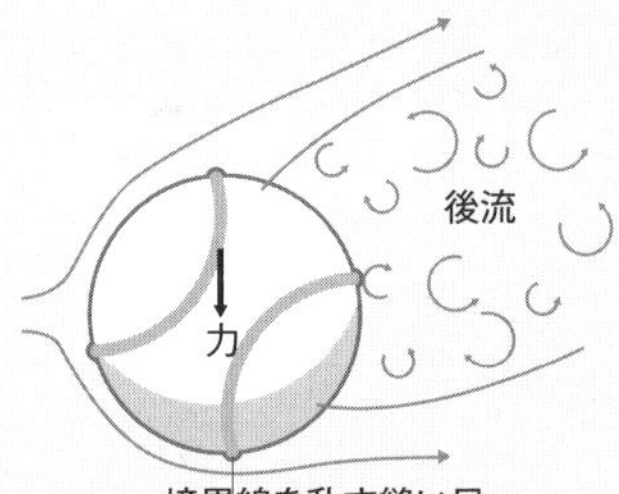

回転しないボールの周りの流れ。この向きでは上の面は滑らかだが、下の面には縫い目（ステッチ）がある。したがって下側の剥離が遅れ、上向きに傾いた後流がボールに下向きの力を及ぼす。

PART6

体のメンテナンスとケガ予防

ウォーミングアップは身体を温めることが目的

ウォーミングアップは身体が温まればよい

ウォーミングアップを難しく考える必要はない。ウォーミングアップの目的は「身体を温めること」であり、筋肉の温度が上げられる動きであれば何でもよいのだ。

筋肉の温度を筋温というが、筋温が低いと、筋肉に潤滑油が入っていない状態であり、俊敏に動くことができなかったり動きが鈍い。運動によって筋温を温めることで潤滑油が働き、神経の伝達がよくな

筑波大学硬式野球部のウォーミングアップ&クールダウン

今は情報過多なこともあり、選手たちは多くの種類のウォーミングアップをチューブやメディシンボールなど、種目ごとに器具を変えて行っていた。それを見て効率が悪いなと思い、同じ効果が得られるのであれば1つの道具で連続したほうが、効率よく短時間で行えると考え、棒を使った体操が生まれたのである。選手によってウォーミングアップに取り入れるのか、クールダウンでやるのかは異なるが、体に変な負担を掛けないため1日2回やっても問題ない。棒体操の詳細は186ページから紹介する。

我々が使っている棒は長さが1m80cm~2mくらいのもの。ホームセンターなどで数百円で手に入るので、簡単に取り入れられると思う。

って動きが滑らかになっていく。ウォーミングアップは昔から「動き全般の土台作り」であり、最新のウォーミングアップの多くは「専門的な動きのトレーニング」と分けて考えるといいだろう。

クールダウンも同じ理屈で、運動を終えたときは激しい動きによって身体が炎症を起こした状態である。その炎症を残したまま何もしなければ、身体に負担をかけたままになり、後々いろいろな支障が出てくる。血流を促進させて、炎症によって痛んでいる身体を修復できるようにすることがクールダウンの目的であり、腕を大きく回したり、身体を捻じったりするだけでも血流はよくなってくる。

体温や筋温を下げない サーキットトレーニング

体温や筋温が冷えないように練習を組み立てる

ピッチャーの練習で最も気をつけたいことが「キープウォーム」になる。これは元筑波大学野球部のチームドクターの言葉だが、「ウォーミングアップをしたら、アップで得た体温や筋温を維持しろ」という意味だ。

常に走り続ける競技と異なり、野球は体温や筋温を維持することが難しい。特に実戦練習であるシートノックやシートバッティングなどは、体温や筋温が下がりやすいため、寒い時期ほど注意が必要になる。

体温や筋温が下がると、ケガのリスクが非常に高くなる。その理由は体が冷えてしまうと筋の反応速度が遅くなり（筋肉の粘性が増える）、素早く腕を振る動作などが高負荷をかけてしまうのだ。

こうした状態を防ぐためには、暖かいところで練習をすること。また温めた体を冷やさないように動き続けたり、冷やさない工夫をすることが重要になる。

中学生まではサーキット形式の練習

そこでおすすめしたいのが、サーキット形式の練習だ。その例が左の表になるが、ボールを投げるだけでなく、ピッチャーに必要な基礎体力や機能向上のトレーニングを混ぜることで、常に体を動かした練習ができる。1つの練習が1～2分、レスト（休憩）が15～20秒とすると、肩を冷やさずに1日に8～10種目の練習ができるだろう。ピッチャーの人数が少ない場合には、できるだけ少人数で動き続けるような練習を組み立てたい。

ただしこの練習は中学生まで、もしくは高校生の初期段階まで。それ以降の段階ではピッチャーのレベルが上がるため、より負荷の高い練習が必要になってくる。すると1種目により長い時間が必要となり、短時間で次々と種目を変えるサーキット形式は、あまり適さなくなってしまう。

とはいえ冬場はサーキット形式で基礎体力作りなど、工夫次第では、上の年代でも十分に活用できる。

サーキット形式の例

■基礎体力重視のメニュー例

- ランニング（58ページ）
- 連続ヒザ上げ(135ページ)
- サイドステップ（60ページ）
- 片足立ち（134ページ）
- バック走（61ページ）
- ランジ（62ページ）
- エイミングホップ（96ページ）
- 投球練習

■機能向上重視のメニュー例

- ヒップローテーション（64ページ）
- 股割りスロー（102ページ）
- スプリットジャンプ（63ページ）
- 片ヒザスロー（130ページ）
- ステップスロー（92ページ）
- 低い姿勢でのスロー（126ページ）
- メディシンボールスロー（101ページ）
- 投球練習

小学生のケガと予防
まずは安定したコントロールを

子どもがヒジの痛みを訴えるワケ

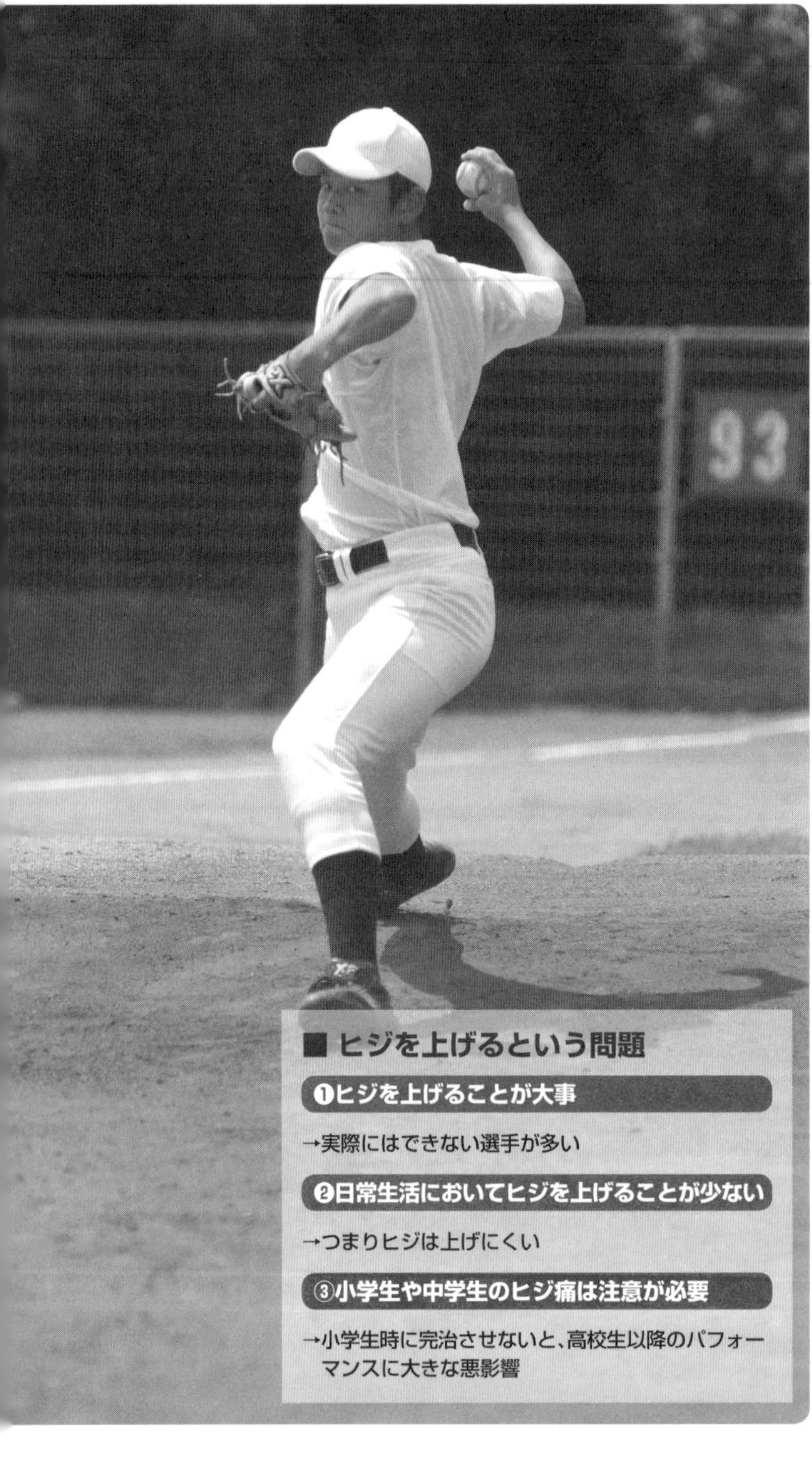

■ ヒジを上げるという問題

❶ヒジを上げることが大事

→実際にはできない選手が多い

❷日常生活においてヒジを上げることが少ない

→つまりヒジは上げにくい

③小学生や中学生のヒジ痛は注意が必要

→小学生時に完治させないと、高校生以降のパフォーマンスに大きな悪影響

子どもと大人の骨の違い

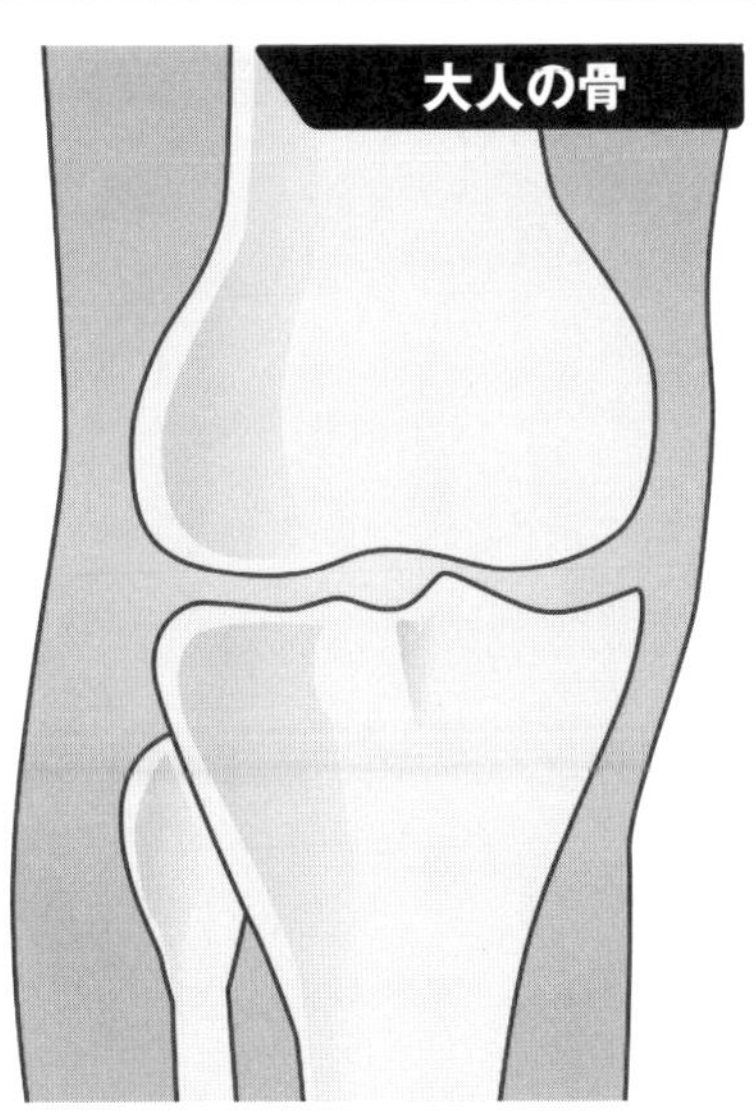

成熟した大人の骨では、骨端線は閉じた状態になる

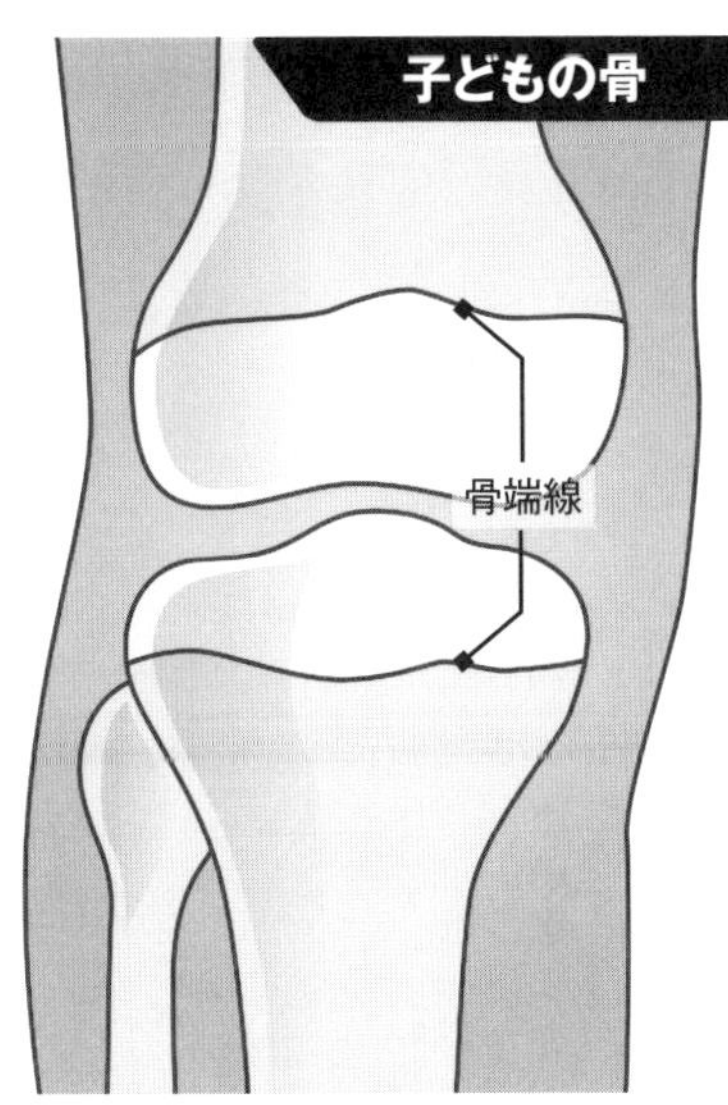

子どもの骨には中央部と端の間に、骨端線と呼ばれる成長する軟骨部分がある

専門化したボールを投げる指導

小学生の体力テストの結果が著しく低下していることは、広く知られていることだと思う。その中でも低下度合が大きい種目がソフトボール投げである。これは走る、跳ぶといった動作と比べて、物を投げるという動作を日常的にほとんどしなくなっていることが、大きな原因の一つといわれている。その一方で、野球をしている子どもたちに多いのは、ヒジを痛めてしまうことだ。これは野球の指導がより専門化したため、大人と子どもの体の違いを考慮せずに、大人と同じような投げ方をさせてしまうことが原因と考えられる。

そして成長前の子どもたちに大人と同じ指導をしてしまうと、のちのち大きな故障につながる危険があることが、近年の研究でわかってきた。

成長前の子どものヒジは壊れやすい

これまで、よいピッチングに大切な動作として「ヒジを上げる」ことを紹介した。しかし、これは体が成長しきった大人の場合であり、子どもの体には当てはまらないことが多い。なかでも骨端線(こつたんせん)と呼ばれている骨の成長点と内側(ないそく)上顆(じょうか)の靭帯付着部が重要なポイントとなる。

骨端線は、骨の中央部と端の間にある、成長する軟骨部

内側の上顆裂離骨折と内側々副靭帯

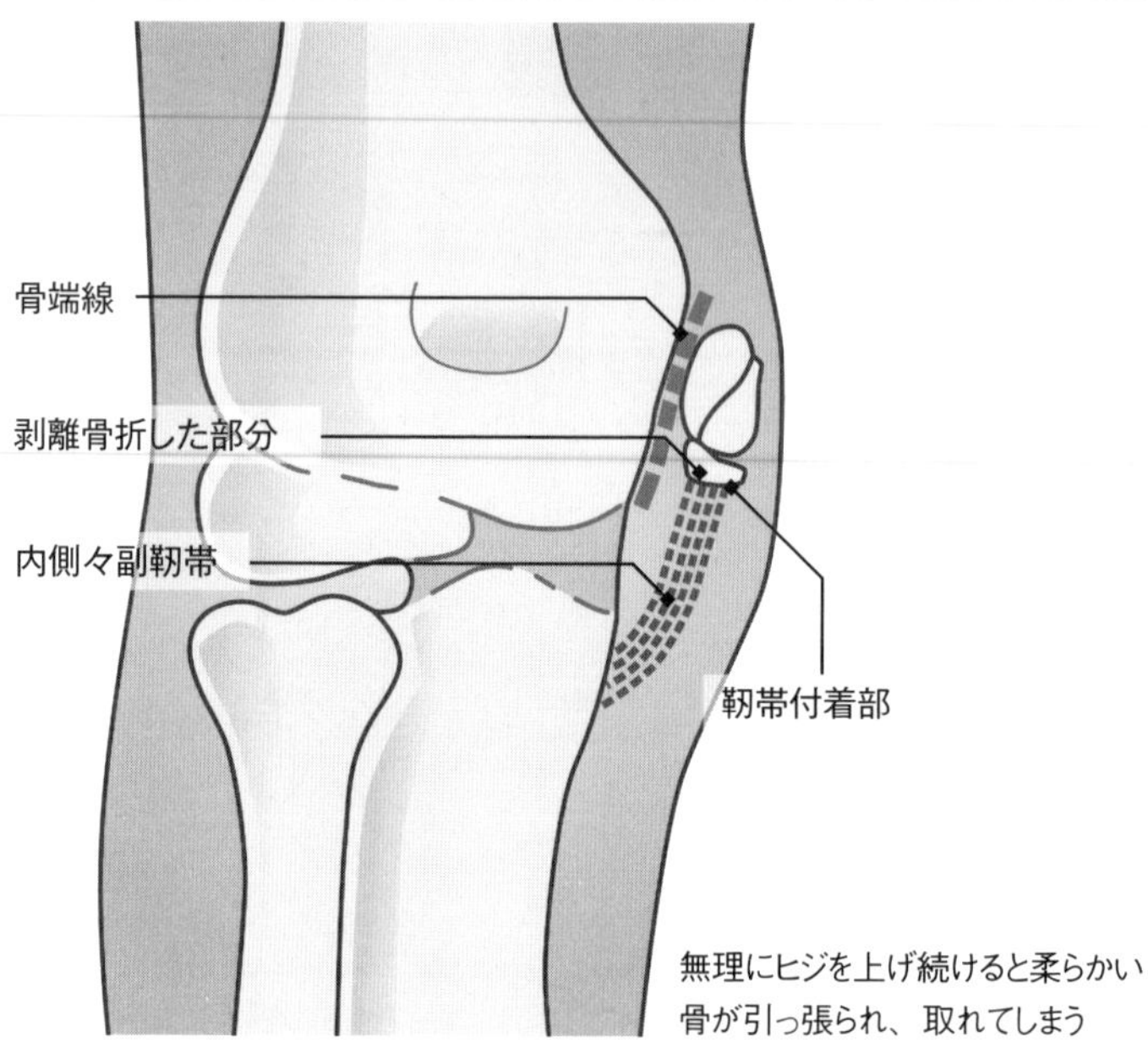

分。大人になると閉じて硬くなるのだが、これから身長が伸びていく子どもたちは、この部分が柔らかいのだ。そのため、無理にヒジを上げ続ける動きを繰り返すと、特に靭帯付着部が引っ張られて小さく取れてしまう（上顆裂離骨折）。また内側上顆と呼ばれる部分には、内側々副靭帯と呼ばれる靭帯が付着している。投球の繰り返しによって、この靭帯の付着部が剥がれてしまうこともあるのだ（肘内側々副靭帯性裂離骨折）。このような痛みが出た場合、完治させるには静養すると同時に体幹などを鍛えるしかない。

さらに深刻なのが、この時期のケガが原因で、骨端線の閉じた高校生くらいになって痛みが再発することだ。当然パフォーマンスに大きな影響を与えるが、ひどい場合には野球を断念せざるを得ないほどの痛みとなることもある。

現在のプロ野球界にも、この後遺症を抱えながら投げているピッチャーは何人もいるだろうと思える。時々、球数が増えると急激に球威がなくなったり、コントロールを乱す選手を見かけるが、この選手たちは後遺症が出ている典型的な例といえるだろう。

いずれにせよ、小学生時代に無理をして投げさせることは禁物であり、万が一痛めてしまった場合にはしっかりと完治させなければならない。これは、指導に携わるすべての方に知っておいていただき

「外転型」から「外旋型」へ

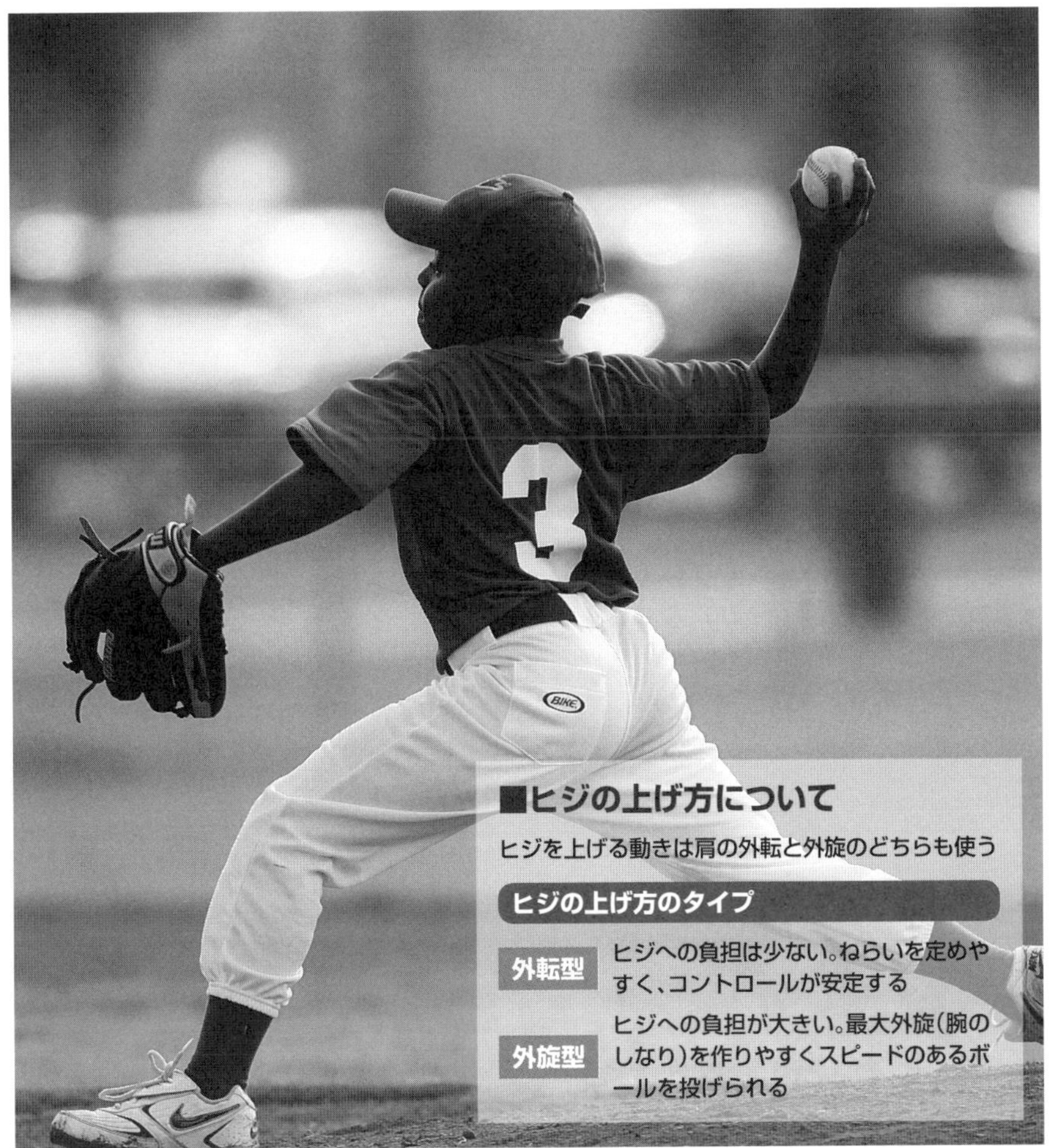

たいことであり、防いでいただきたいことでもある。

まずは安定したコントロールを身につける

小学生時代にどのような投げ方をすればよいのだろうか。まずヒジが上げられない段階では「外転型」の投球フォームで投げ、骨の成長が終わり、ヒジを上げられるようになったら「外旋型」の投球フォームに移行していくとよい。

「外転型」とは、ラジオ体操の種目にある、腕を下ろしてから振り上げるような動きになる。この投げ方の特徴は、球威のあるボールは投げられない反面、狙いが定まりやすく安定したコントロールで投げられる。もう一方の「外旋

外転型と外旋型の比較

■外転型の投げ方

腕を振り上げるようにしてヒジを上げる

■外旋型の投げ方

ヒジを上に上げるようにして腕を上げる

型」は、腕を捻る動き。はじめにヒジが上がり、それに伴って体が回旋していく動きだ。これによって、腕に大きなしなりが生まれ、球威のあるボールが投げられるようになる。そしてその理想型が、パート2で紹介してきた動作だ。

私は中学生時代のダルビッシュ有投手を見たことがあるが、当時の彼は外転をしていたものだ。それが身長の伸びが落ち着いた中学生後半から高校生になったあたりから、ヒジを上げる外旋型へと移行していた。移行期がどの時期かは個人差が大きいのだが、ダルビッシュ投手は理想的な投げ方の進化をしたと感じている。

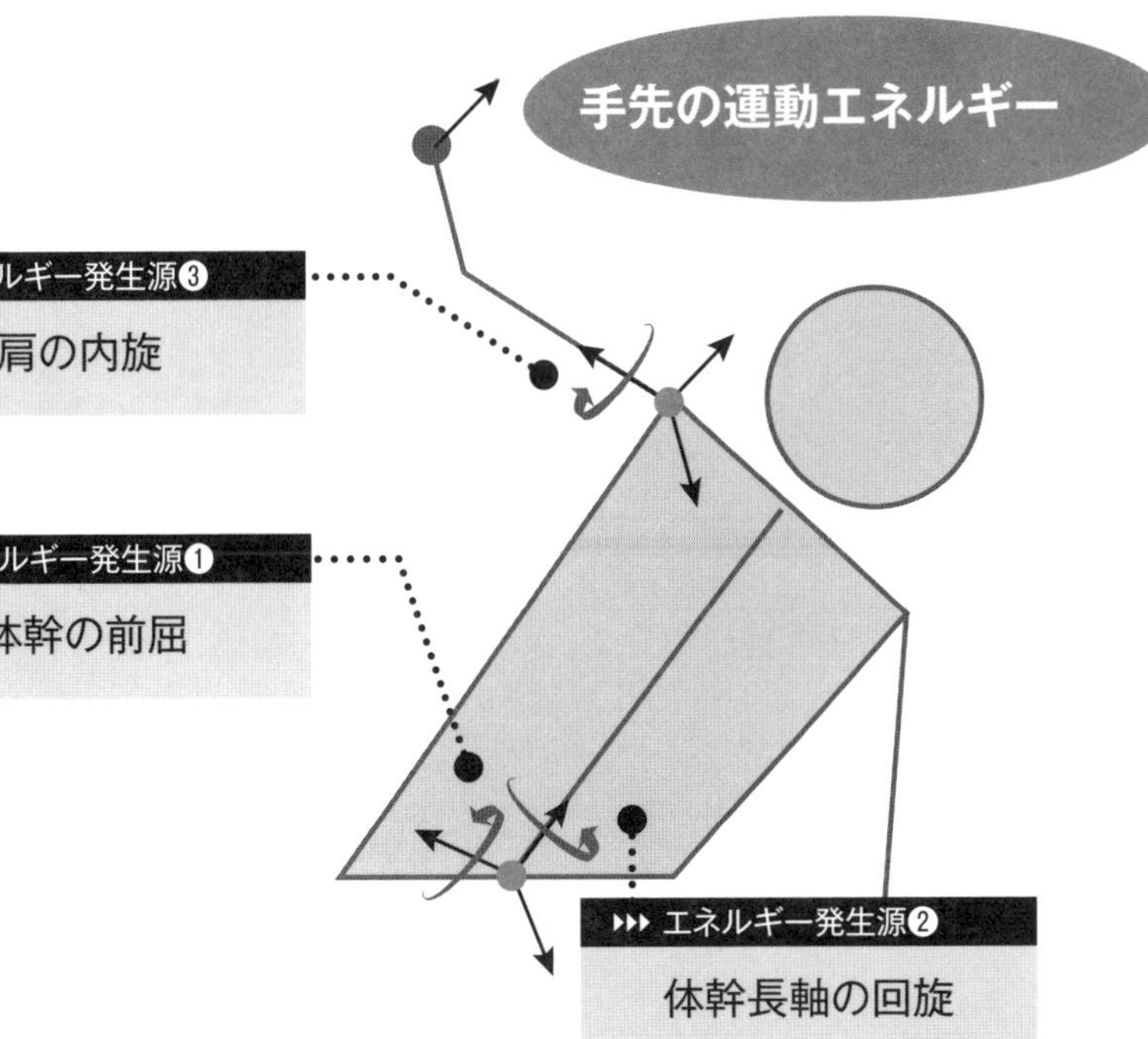

手、指先の動きも重要

指先の感覚の重要性

手、指はボールへの直接的な伝達器

人差し指と中指でリリースできるか

移行期にはスナップスロー

外転型から外旋型へ移行するにあたって、いきなり投げ方を変えるのは難しいだろう。それまでの投げ方と変わるのと同時に、ヒジへかかる負担も増えるからだ。その負担軽減のためにも、小学生時代に身につけておきたい投げる感覚を覚えるためにも、ぜひスナップスローやゲッツーでのトスのようなスローを取り入れてもらいたい。これらの投げ方のメリットは、ヒジに負担がかからないことと、ヒジを柔らかく使う投げ方を覚えられる点だ。特に指先の感覚は幼少期にしか養えないため、早い時期から経験させたい。

筑波大学式ウォーミングアップ＆クールダウン 棒体操

棒体操1　上回し

なるべく腕の感覚を狭くして持ち、棒を背中側に回す。肩を回せるかを試しながら行う。継続して行うことで、その日のコンディションチェックにもなる。どのドリルも10~20秒ほど行い、次の種目に移る

1 両手で棒を持つ

2 できるだけ手が耳の近くを通るように回す

3 慣れないうちは無理をしない

棒体操2　斜め回し

投球をするときのように斜めに腕を回していく。肩甲骨をしっかりと動かすことと、脇腹（肋骨のあたり）を開くことが動きのポイントになる。疲労をしてくると脇腹が硬くなるため、斜め回しもコンディションのチェックに使える。

1 両手で棒を持って片側に引く

2 腰と上半身、肩を連動させてできるだけ大きく回す

3 棒体操1と同じように身体の後ろに持ってくる

4 元の姿勢に戻り、反対側に棒を引く。この動きを繰り返す

棒体操3　斜め上げ

ここから少し野球で使う動きが出てくる。手のひらのなかで棒を滑らせながら、肩甲骨を使って腕を斜め上に上げていく。ヒジを伸ばしてヒジの位置も上げ下げするように行う。はじめはゆっくりと行い、慣れてきたらスピードを上げる。

ヒジをできるだけ高く上げる。できるだけ素早く繰り返す

ヒジを伸ばしたまま肩甲骨を使って腕を斜め上に動かす

脚の横あたりに棒をつけて斜めにし、ヒジを伸ばす

棒体操4　横回し

これも肩甲骨を動かして、脇腹のあたりや胸回りを開いていく。脚の横に棒の先端を置き、できるだけ大きな円を描くように腕を回す。肩甲骨ではなく腕で棒を回そうとすると円が小さくなるので、できるだけ大きな円を描くこと。

支点を動かさずに肩甲骨を使って棒を大きく回す。反対側も同じように行う

脚の横に棒の先端を置く

棒体操5　腰切り

斜め上げの動きの最後（写真3枚目）に、腰を切る動きを加える。野球でトップと呼ぶ、ヒジが最も高くなり、腰が回転していく瞬間の動きを繰り返す。腰が投球方向（写真左側）に動きながら、腕は肩甲骨から後ろに回すという、相反する動きとタイミングを覚える。

腕が上がりきると同時に腰を投球方向（写真左側）に動かす。同時に行うことが大切

斜め上げの動きで腕を高いところまで持ってくる

棒体操6　ピッチングランジ

先ほどの腰切りの動きを、ピッチングの動きのなかで使う。軽く足を上げてステップしたときに、腰と肩回りに互い違いのズレを作る。これをスムーズに何度もできることが大切。野手がピッチャーをする際に必ず身につけてもらいたい動きでもある。

1 カカトの少し後ろに棒の先端をつける

2 ステップをすると同時に肩甲骨を使って腕を反対側に上げる

3 できるだけ一定の高さにヒジが上がるように棒の先端を固定して行う

棒体操7　棒スイング

手首を使って棒をくるくる回しながら、腕を8の字に動かす。そうすることによって、ヒジの回内外の動きをトレーニングできる。変化球を投げるとヒジが硬くなる選手が多いため、この練習で適度な柔軟性を保っておきたい。

1 棒の真ん中を持つ

2 手首で棒をくるくる回しながらヒジを大きく動かして8の字を描く

3 さほど負担が大きいトレーニングではないため、試合や練習後に行ってもよい

棒体操8　背負い投げ

下半身と上半身を連動させて、正しい動きができているかを確かめながら行う。全身の可動域を広げるために、できるだけ大きく棒を動かす。特に股関節周りを意識して使い、ダイナミックな動きをしてもぐらつかない足元の安定感をつける。

1 棒を横に持つ

2 股関節周りを動かす意識を持ちながら脇腹を開くように棒を上げる

棒体操9　T字バランス

軸足のハムストリングからお尻にかけての筋肉を強化できる。バランスを取りながらできるだけ背中を真っ直ぐに保つことが大切になる。太腿の前側の筋肉を使って投球するとピッチングが安定しにくくなるが、脚の後ろ側を使うことでフォームが安定してくる。

1 身体の前に棒を立てる

2 軸足で立ちながら左脚をお尻方向に動かす

3 Tの字になるように左脚をまっすぐに伸ばす。つま先が開かないように注意する

棒体操10　背中伸ばし

腰から背中や肩甲骨周辺を伸ばすことが目的のコンディショニング種目になる。背中を伸ばすことで結果的にお尻が動く。腰だけを動かすのではなく、肩甲骨を伸ばすような意識をもって行うとよい。

1 両手で棒を持って身体の前に立てる

2 棒に対して外側の肩甲骨と背中を伸ばす

3 反対側も同じように行う

3 振りかぶった姿勢を作る

4 股関節周りを中心に腕を振り下ろす

5 右手がヒザの横にくるまで腕を振り切る

おわりに

ひたすらトレーニングに励むだけでは、思っていたような成果が得られないことがあります。

そのように場合にさらに身体を追い込むのではなく、休息をして疲労を回復したり、食事を見直したりすることも大事になります。

私たちが学生だった時代と違い、がむしゃらに打ち込むのではなく、しっかりと計画を立ててトレーニングをすることが重要です。

同級生が伸びているのに自分だけ成長が見られないなど、歯がゆかったり、悔しい思いをすることもあるでしょう。そのようなときでも決して焦らず、自分の成長に合わせたトレーニングを地道にやっていきましょう。

大学生の選手たちを見ていても、大学3年生や4年生になってから球速が上がる選手がたくさんいます。卒業してから球速が上がったり、パフォーマンスが上がったという選手たちもいます。

人は日々成長できます。人と比べるのではなく、諦めずにコツコツやるということが大事です。そのような皆さんの取り組みに、本書の内容が少しでも役に立ったなら大変嬉しく思います。

筑波大学 体育系 准教授
川村 卓

川村 卓（かわむら・たかし）

1970年生まれ。筑波大学体育系准教授。筑波大学硬式野球部監督。全日本大学野球連盟監督会幹事、首都大学野球連盟常務理事。札幌開成高校時代には主将・外野手として夏の甲子園大会に出場する。また筑波大学時代も主将として活躍。筑波大学大学院修士課程を経た後、北海道の公立高校で4年半、監督を経験する。その後2000年12月に筑波大学硬式野球部監督に就任。18年明治神宮大会出場を果たす。主にスポーツ選手の動作解析の研究を行っている。主な著書に『「次の一球は?」野球脳を鍛える配球問題集』（辰巳出版）などがある。

【STAFF】

●カバーデザイン　三國創市（株式会社多聞堂）
●本文デザイン・DTP　沖増岳二
●編集　佐藤紀隆（株式会社 Ski-est）
　　　　稲見紫織（株式会社 Ski-est）
●執筆協力　松崎憲晃
●写真提供　Getty images
●オビ写真提供　©株式会社ジーエー・リンク
●写真　眞嶋和隆

最新科学が教える! ピッチング技術

2020 年 11 月 28 日初版発行

著　者　川村 卓ⓒ
発行人　畑中敦子
発行所　株式会社エクシア出版
　　　　〒101-0031　東京都千代田区東神田 2-10-9
印刷・製本所　サンケイ総合印刷株式会社

乱丁・落丁本はお取替え致します。小社宛にご連絡ください。

ISBN 978-4-908804-60-1　Printed in JAPAN

エクシア出版ホームページ　https://exia-pub.co.jp/
Eメールアドレス　info@exia-pub.co.jp